LA FRANCE EN MIETTES

Œuvres de Philippe Bilger

Le Besoin de justice, avec Claude Grellier, Calmann-Lévy, 1990.
Plaidoyer pour une presse décriée, Filipacchi, 2001.
Le Droit de la presse, PUF, 2003.
Un avocat général s'est échappé, avec Stéphane Durand-Souffland, Seuil, 2003.
Le Guignol et le Magistrat, en collaboration avec Bruno Gaccio, Flammarion, 2004.
Arrêt de mort, roman noir, Éditions du Félin, 2005.
Pour l'honneur de la justice, Flammarion, 2006.
J'ai le droit de tout dire, Éditions du Rocher, 2007.
États d'âme et de droit, Le Cherche Midi, 2009.
Et si on jugeait les juges ?, avec Roland Agret, Mordicus, 2009.
Vingt minutes pour la mort, Robert Brasillach : le procès expédié, Éditions du Rocher, 2011.
Le Bal des complaisants, Fayard, 2012.

Philippe Bilger

LA FRANCE EN MIETTES

Fayard

Ouvrage édité sous la direction de Fabrice d'Almeida

Photographie de couverture : © Philippe Bilger

ISBN : 978-2-213-67715-6

À mes très chers amis Karina et Christian Regouby

Avant-propos

À la fin du mois de septembre 2012, des habitants d'un quartier difficile de Marseille ont pris l'initiative de faire évacuer un camp de Roms auxquels ils reprochaient, depuis plusieurs jours, des vols et des dégradations.

À Paris, au début du mois de novembre 2012, une association, Vivre gares du Nord et Est, qui s'était créée pour dénoncer l'inertie des pouvoirs publics et l'impuissance de la police face aux multiples transgressions commises dans ces gares et à leurs abords – violences, vols, trafics de drogue – et à toutes les nuisances dues à la précarité et à l'alcool, se mobilisait et organisait une manifestation le 1er décembre pour attirer l'attention sur cette situation préoccupante et qui s'aggravait.

Si l'on a déjà connu des mouvements spontanés qui palliaient la carence au moins momentanée des services officiels, il me semble que ces deux séquences urbaines signifient peut-être plus qu'elles-mêmes. Un quinquennat à peine terminé et dans les tout premiers mois d'un nouveau à la tonalité politique radicalement différente, des citoyens, ici et là, ont pris leur destin en main et, lassés par l'incurie ou l'indifférence, ont fait comme si d'une certaine manière ils étaient seuls en France.

Il y a évidemment, dans cette démarche, une défiance à l'égard de la chose politique et de ceux qui font profession de la cultiver même si paradoxalement ce sentiment négatif, parfois, est destiné à se faire remarquer des décideurs et à leur rappeler des existences qu'ils ont sans doute oubliées dans leurs projets globalement grandioses.

Mais s'y exprime davantage que cette suspicion. Le fait angoissant que l'on ne peut plus compter sur personne et que ce qui s'est dessiné depuis 2007 dans cet entrelacs de promesses, de discours, d'actions, de confusion, de corruption, de déceptions et d'indignations, est une défaite du politique lui-même en tant qu'il donnait sens à la société et espoir aux citoyens désemparés.

Les partis extrémistes, habités par une aigreur et un désespoir violents, sont toujours apparus comme le lieu privilégié d'une minorité en exil et en dissidence dans une démocratie classique, une autre manière de tuer la politique en la tournant en dérision par le recours aux seules luttes.

Ce qui me semble nouveau tient à la contagion de ce poison dans les veines de la République ordinaire. En dépit de l'apparente mobilisation des partis et de leur surenchère chiffrée, force est de constater que le passage du sarkozysme au hollandisme n'a pas entravé ce mouvement de délitement mais au contraire l'a aggravé. Comme si des élans trop enthousiastes et des espérances trop folles, à gauche comme à droite, étaient sanctionnés rudement par le réel et l'inévitable médiocrité des payeurs, qui pourtant avaient été aussi, peu ou prou, les conseilleurs.

Peut-être convient-il de rechercher dans cette alternance, précisément, la cause de ce qui est si vite apparu comme un désenchantement. Alternance en apparence maîtrisée, souhaitée par beaucoup, où à une présidence radicalement atypique en a succédé une autre placée sous le signe de la normalité.

Désenchantement qui mérite sans doute d'être analysé, scruté au plus juste, au plus profond. Comme si, désespérément à la recherche d'un lien commun, d'un destin collectif, d'une unité forte, la France était confrontée, hier sous Nicolas Sarkozy, aujourd'hui avec François Hollande, en dépit des différences de façade, à un délitement, à un émiettement. La France s'écoule des mains et des esprits des politiques, des gouvernants, comme du sable que nul ne parvient à retenir pour le solidifier et en faire le ciment, la base d'autre chose. Rien ne semble pouvoir arrêter notre pays dans sa chute, qui est moins due à sa faiblesse intrinsèque qu'à l'absence de solidarité entre les membres, les organes de ce grand corps qu'est une nation authentique. L'Europe, qui était un rêve, est devenue pour beaucoup une menace. Sa bureaucratie, sa manière de se mêler de tout, et même de ce qui nous regarde, dégradent au jour le jour ce qui aurait pu continuer à être pour notre pays un avenir possible, plausible. Dans la nation, les signes de l'appartenance sont moqués. Le rassemblement est d'autant plus invoqué comme un talisman que nos responsables sentent bien que là est la fêlure, la blessure fondamentale. La communauté des citoyens est éclatée en communautés, la démocratie ne parvient plus à entraver l'irrésistible dépérissement de la volonté du vivre ensemble, la dislocation de ce qui servait à maintenir, en dépit de tous les antagonismes, une forme de fierté solidaire, d'adhésion élémentaire, de réflexe national.

Cette France qui s'éparpille, cette France qui se cherche sans se retrouver, où règne un multiculturalisme dont on se glorifie parce qu'il serait insupportable de devoir admettre qu'il est moins un cadeau tel qu'il est vécu qu'une désagrégation de plus, cette République jamais autant évoquée dans les discours que depuis qu'on la sent profondément mise à mal dans ses exigences de liberté, d'égalité, de justice et d'équité, cette France en morceaux, qui lui redonnera sens, cohérence, structure, face à elle-même et face au monde ?

Pourra-t-elle un jour se regarder sans honte dans le miroir que ses idéaux et ses rêves lui présenteront ?

1

Présidence normale, présidence anormale : le match incertain

J'ai apprécié dans l'instant cette volonté de contrebattre, fût-ce par les mots, le désordre, le bruit, l'agitation et une politique devenue illisible sous toutes ses facettes à force d'avoir égaré le sens dans le mouvement perpétuel. Il n'empêche qu'une sorte de cohérence à rebours est venue poser son étrange nécessité sur le paysage politique. Qui aurait pu prévoir que l'incandescence, l'effervescence choquantes et débridées d'un mandat présidentiel ne seraient pas apaisées par une sérénité et une réflexion ostensiblement manifestées ensuite, mais au contraire que les unes s'ajouteraient aux autres pour susciter une impression de confusion générale ? Il est dur d'admettre que la normalité, le souci d'assumer une charge exceptionnelle mais à hauteur d'homme n'ont pas su dégriser un pays encore ivre de l'alcool trop brûlant injecté dans ses veines durant cinq ans. Peut-être le mandat de François Hollande a-t-il d'emblée pâti de ce handicap qui le condamnait, s'il avait désiré frapper les imaginations, à offrir une profusion, une surabondance mais dans l'excellence, la compétence et la dignité. Ce n'était donc pas de normalité que la France avait besoin mais d'une autre sorte d'alcool : un chef d'État tellement remarquable qu'il en serait devenu atypique, lui aussi, mais pour la bonne cause.

Comment s'étonner, alors, que la société se soit si vite détournée, faute de cet absolu contraste, de l'antisarkozysme ? En un rien de temps, la satisfaction de la défaite a été balayée par une victoire qui d'emblée nous a laissés sur notre faim. Au lieu que le nouveau quinquennat ait imposé son rythme et, de manière éclatante, le renouveau de sa pratique, on a constaté au contraire qu'insidieusement ou ostensiblement il a accepté une comparaison avec le précédent qui, par sa puissance multiple et délétère, allait la faire tourner inévitablement à son désavantage. Ainsi, l'agitation excitée d'hier, bien loin de représenter un registre que notre République ne devait plus accepter, a insensiblement perverti, dégradé la réflexion et l'action qui l'ont suivie, au point que ces dernières sont apparues comme une forme coupable d'immobilisme. Parce que François Hollande n'a pas su ou pas voulu inventer un type original de réaction contre un quinquennat facilement critiquable mais implacable dans son emprise sur l'esprit public, il a probablement manqué un rendez-vous fondamental avec une société qui aspirait moins à l'expression et à l'expansion d'une gauche dogmatique qu'à l'instauration d'une histoire de France apaisée, respectueuse mais vivante. Au fond, pourquoi pas la normalité, mais à condition qu'elle emporte, entraîne, mobilise et fasse espérer ?

Les premiers mois du pouvoir socialiste ont été au contraire, sur le plan de la méthode, une épreuve tant pour lui, conscient de ses multiples dysfonctionnements, que pour une société stupéfiée par tant d'amateurisme alors que toutes les cartes étaient sur la table démocratique depuis longtemps. On n'ignorait pas, de plus, que l'on avait confié à Laurent Fabius la charge de préparer, un an avant l'élection présidentielle, les premières mesures du nouveau pouvoir. Que serait-il advenu si cette mission ne lui avait pas été dévolue ? Je doute que le constat ait pu être pire que celui observé presque quotidiennement.

En dépit d'une pratique présidentielle plus acceptable, plus chaleureuse et conviviale dans ses rapports avec les citoyens, malgré une jovialité républicaine dont il faut reconnaître qu'elle a marqué les esprits, au moins initialement, l'impression générale se dégageant de ces débuts de quinquennat reste d'une grande réserve, plus mitigée qu'enthousiaste.

Si j'évoque seulement pour mémoire la manière on ne peut plus traditionnelle, contre les engagements pris, dont le gouvernement a été constitué, semble-t-il pour certains postes dans une improvisation totale, à cause parfois d'une parité rigide et absurde, il ressort de cette désorganisation et, plus globalement, de l'impression désastreuse d'un pays qui échappe aux mains qui devraient le gouverner avec fermeté en l'empêchant de s'émietter, que la France, au contraire, poursuit son cours fatal vers le délitement. L'intuition n'est pas fausse qui fait percevoir aux citoyens que tous les secteurs sont touchés par ce démembrement : politique, économique, social, culturel. Des agrégats se constituent qui ont pris la place, massifs, autonomes et égoïstes, d'une unité perdue et que les débuts, si estimables qu'ils soient, du hollandisme, à l'évidence, n'ont pas pour ambition de faire renaître.

Il n'a pas suffi de vanter la rapidité (relative) de la composition de l'équipe ministérielle avec un Premier ministre dont le nom était attendu, sinon espéré, par beaucoup de socialistes, pour faire oublier qu'elle était pléthorique et peu armée pour les combats à venir, dans la mesure où sa structure complexe était de nature à susciter des conflits plus qu'à résoudre des difficultés et des problèmes. Cette surabondance gouvernementale – qui explique qu'une Martine Aubry s'en soit écartée, préférant observer de loin le bateau plutôt que couler avec lui ! – n'était-elle pas déjà le signe, avec sa technique perverse, de l'inévitable morcellement du pays, comme si ce pluralisme guère maîtrisable se voulait une représentation multiple et chaotique, au mieux, de sa diversité, au pis, de son éparpillement ?

Il n'a pas fallu longtemps pour que Pierre Moscovici et Arnaud Montebourg viennent démontrer la pertinence de cette observation et de cette crainte.

Le délai a été court aussi pour que le président de la République, attentif à tous les changements de l'humeur démocratique, comprenne que son principe de normalité allié à l'antisarkozysme ne pouvait plus suffire à donner le cap. Certes, l'antisarkozysme, dans les discours et les répliques des ministres, a tenu sa part ; mais de fil en aiguille, et devant les résultats de plus en plus calamiteux d'un chômage et d'une économie en perdition, il s'est effacé devant l'impressionnante réalité du présent.

Mais le président lui-même n'a pas hésité à tirer la leçon, et avec quelle rapidité pour un homme que ses adversaires décrivent comme incurablement hésitant, de ce que lui enseignaient les sondages, ses contacts et son intuition attentive à sentir l'humeur des Français et à s'y adapter.

La première volte a concerné sa métamorphose en président normal, à sa manière, mais actif, en ayant adopté le rythme de son prédécesseur. Curieux mélange, en François Hollande, de ses dispositions naturelles à la réflexion, à la tranquillité et à la patience et d'un comportement l'obligeant à une présence constante sur tous les fronts. Il est clair que, pour cette attitude qui est venue bousculer ses schémas en le contraignant à ce qui est apparu clairement pour un mimétisme, il a sans vergogne emprunté à « l'autre » tout ce qu'il détestait auparavant : l'excitation, la précipitation, la venue, toutes affaires cessantes, sur les lieux d'une tragédie, comme à Grenoble, où son ministre de l'Intérieur l'accompagnait. À se demander, d'ailleurs, s'il ne désirait pas casser l'impression, dans l'opinion, qu'il accompagnait le plus souvent Manuel Valls, dont l'omniprésence inévitable et la nécessaire mobilité avaient fini par l'agacer.

Le président, à l'évidence, ne veut pas tout lâcher de ce qu'il est et renier son image initiale aux yeux des Français. Si, d'un côté, les médias nous montrent un François Hollande ayant sauté le pas d'une proximité chaleureuse à un investissement intense, d'une démarche penchant plutôt du côté de Mitterrand à une exposition compassionnelle, explicative et multipliée dans le style Sarkozy, le même, toutefois, impavide, entêté dans sa résolution, au moins pour le principe, de maintenir ses trois semaines de repos au mois d'août à Brégançon, a défié, malgré quelques déplacements d'urgence, les injonctions et les criailleries de l'opposition, qui prétendait lui dicter ses départs et ses retours.

Il n'empêche que la tendance générale de la première année du quinquennat révèle une amplification forte du mouvement présidentiel, des déplacements sur le terrain, des voyages surprises et, globalement, une manière de diriger et de montrer qu'on est à la barre non plus seulement grâce à la maîtrise et à la réflexion, mais par l'ostensible démonstration d'un pouvoir apte à tous les rythmes. Il y a d'ailleurs une part incontournable de mobilité obligatoire dans l'exercice de ce dernier, et il serait injuste d'analyser les démarches de François Hollande qu'à la lumière de la seule comparaison avec Nicolas Sarkozy.

Je ne sais ce que donnera, dans l'esprit public, cette coexistence entre la sérénité toujours cultivée et le mouvement dû au mimétisme ou aux contraintes de la fonction. Sera-ce perçu comme une trahison, une reddition, l'enlisement dans ce qui, peu ou prou, en matière de pratique présidentielle, serait la copie conforme d'un passé pourtant honni ? Ou comme une synthèse originale qui laisserait espérer un futur étonnant ?

Les estimables carences du Premier ministre

La seconde volte, sans doute, a été plus délicate à opérer pour le président parce que, pour la mener à bien, il lui a fallu questionner le choix de son Premier ministre, Jean-Marc Ayrault.

Ce dernier l'aurait emporté dans les tout derniers jours, alors que le président avait paru hésiter entre Martine Aubry, Manuel Valls, Michel Sapin et Pierre Moscovici, selon les gazettes. On comprend bien pourquoi il les a écartés et comment il en est venu au président du groupe parlementaire socialiste à l'Assemblée nationale, au maire de Nantes et au loyal et dévoué serviteur de la cause présidentielle. Tout, dans l'immédiat, conspirait à faire de cette préférence une occasion favorable. Une adhésion forte du Premier ministre garantie, aucun risque de conflit, des personnalités accordées, une autorité indiscutable de Jean-Marc Ayrault, une parole dont on ne pouvait pas soupçonner les limites. Rien ne semblait devoir altérer la prédilection présidentielle, sinon qu'elle aspirait à une coïncidence absolue qui à la longue pouvait se révéler contre-productive.

Très vite, on a constaté que les multiples couacs et dysfonctionnements gouvernementaux, pour usuels qu'ils soient dans tous les débuts après une alternance présidentielle, mettaient en évidence la bonne volonté, le caractère estimable et la capacité d'endurer du Premier ministre, mais aussi ses faiblesses et ses limites. Il ne suffit pas de tranquilliser en affichant une absence d'ambition pour la plus haute charge de la République, il convient, aussi et surtout, d'être à la hauteur de la fonction que le président vous a assignée.

Jean-Marc Ayrault a été victime, d'abord, d'un défaut de clairvoyance imputable à François Hollande. En effet, celui-ci n'a pas mesuré l'effet négatif et presque soporifique d'un couple au pouvoir dont l'un aurait vocation à une normalité théorisée et l'autre à une plénitude d'attributions prévue par la Constitution de 1958, mais battue en brèche par l'élection au suffrage universel du président de la République depuis 1962. Jean-Marc Ayrault s'est trouvé déstabilisé par cette liberté qui lui était laissée et ce regard présidentiel, seulement de loin, sur ses activités. François Hollande a perçu qu'entre la pureté théorique de ses promesses d'un côté et l'attente des Français et le profond désir de son Premier ministre de l'autre, il n'y avait plus à hésiter.

Après avoir changé de chemin pour rejoindre en partie la manière d'opérer de Nicolas Sarkozy, il a remis le Premier ministre à sa place traditionnelle, mais ce réajustement n'a pas permis à ce dernier de se sentir plus à l'aise dans ce que l'on pourrait qualifier d'exercice technique de son pouvoir autonome qui évidemment demeurait considérable.

Ses carences estimables – parce qu'elles étaient le fait d'un honnête homme et qu'elles résultaient d'une fonction qui dépassait ses aptitudes et son talent politiques – sont indéniables aussi bien dans les émissions auxquelles il est convié que dans la quotidienneté d'un emploi du temps surchargé qui ne cesse pas de le confronter à des ministres qui s'estiment meilleurs que lui, à ses propres maladresses et à l'obligation de manifestations d'autorité qui, de ce fait, ont perdu pratiquement toute leur substance.

Loin que l'accord des tempéraments et des sensibilités ait permis l'ajout d'une valeur à la pratique présidentielle, le contraire s'est produit. La normalité de François Hollande a fait paraître encore plus fade et sans relief la personnalité de son Premier ministre, et celui-ci, par son implication fond sur fond, sans le moindre contraste, n'a pas permis à l'opinion publique de s'accrocher, fût-ce négativement, à l'abrupt d'une différence et d'une action, de sorte que le président est entraîné dans une chute en même temps que Jean-Marc Ayrault. Ce dernier n'est pas un bouclier et François Hollande est en permanence obligé de gaspiller ses armes et ses discours au lieu de les consacrer à l'essentiel. Sa parole, mêlant l'important et l'accessoire, est noyée dans la masse et il devient, lui, banal et inaudible, à force d'expliquer et de communiquer. Mais on ne sait plus très bien quoi.

La majorité introuvable

Ces malentendus, si inévitables qu'ils soient, ces rectifications, si promptes qu'elles aient été, ont évidemment dégradé une image présidentielle qui, en dépit du succès relativement étroit de François Hollande, suscitait une adhésion républicaine forte. Pour le comportement même du président, sa simplicité non affectée et son désir de dépoussiérer autant que possible le protocole et la pompe ont continué à être approuvés, même si cette démarche a été remise à sa juste place : ce n'est pas une politique mais une manière d'être. Il n'empêche que ce changement, pour superficiel qu'il soit, est d'autant plus apprécié qu'il constitue presque, en fin de compte, la seule véritable différence entre hier et aujourd'hui, entre Nicolas Sarkozy, avec sa proximité fabriquée par rapport au peuple et François Hollande, avec son authentique passion démocratique. L'un allait vers autrui parce qu'il le fallait et l'autre y va parce qu'il aime cela.

Tout de même, si sa campagne a été à la fois brillante et floue, François Hollande a été confronté, malgré le succès législatif des socialistes, à une configuration qui n'était pas la plus commode pour assurer efficacité et pertinence à l'action politique.

Le Front de gauche, loyal entre les deux tours de l'élection présidentielle, n'a pas cessé, par la suite, de manifester à quel point le PS et François Hollande représentaient une gauche molle, sans courage ni audace. À l'évidence, la République s'était trompée dans son casting et Jean-Luc Mélenchon s'est évertué à démontrer comment sa personnalité aurait justifié plus de lucidité de la part des électeurs, et ses idées et fulgurances, séduisantes parce qu'elles rendaient simple, voire simpliste, un monde complexe, plus de révérence.

Les communistes n'ont pas été en reste, d'autant plus que l'omnipotence de Mélenchon, avec son invocation si peu crédible dans sa bouche aux « camarades », les avait trop longtemps relégués dans les coulisses. Il est clair que le quinquennat de François Hollande, par rapport à ces partisans de façade et à ces vrais adversaires, sera, sauf revirement spectaculaire ou conversion de l'extrémisme à la social-démocratie, un chemin de croix, une route pavée de mauvaises intentions.

Pour les écologistes, rien d'étonnant à ce que depuis le 15 mai 2012 ils suscitent controverses et rappels à l'ordre. Si les Verts menacent de quitter le gouvernement, les deux ministres qu'ils y possèdent, dont Cécile Duflot, n'envisagent pas une seconde de le faire. Ils ont du mal à comprendre et à respecter une solidarité qui dans leur parti est toujours apparue moins comme une force que comme un étrange dérèglement de la vie politique. Le désordre est leur royaume et l'ascèse qui leur est imposée, quoique infiniment indulgente, par un Premier ministre ne voulant pas voir s'ajouter aux malheurs de la France les états d'âme des Verts doit leur sembler rude. Leur jeu inconscient ou subtil – c'est selon avec eux – est d'autant plus dangereux qu'ils ont bénéficié, grâce aux élections législatives et par la grâce socialiste, de groupes parlementaires et qu'à force de ne pas avoir du tout la reconnaissance du ventre, ils risquent un jour de faire perdre patience, même au plus impavide de nos présidents de la République. Celui-ci n'a d'ailleurs pas exclu la possibilité d'avoir à se séparer d'eux, mais en précisant, hypocrite, qu'il le regretterait.

2

L'héritage secret du sarkozysme

Tous ces citoyens de bonne foi qui, sans être socialistes, ont vanté François Hollande, que pensent-ils aujourd'hui ?

Je les devine, je les perçois déboussolés, déstabilisés. Prompts à choisir l'individualisme et la course délétère au chacun pour soi plus qu'à tenter l'expérience de la solidarité et à relever le défi d'une société s'efforçant d'être unie. Certes, ils n'en sont pas à déplorer leur adhésion, contrairement à 2007 où des partisans enthousiastes du candidat Sarkozy ont déchanté dès les premiers jours de sa présidence, parce que trop c'était trop. On aurait pu prévoir cette dérive d'un président remarquablement élu en un chef d'État agité, impulsif et peu respectueux de ce qui fait la richesse profonde d'une démocratie : ses institutions, ses corps intermédiaires, ce tissu français qui vient adoucir le jacobinisme, cette familiarité qui, comme la douceur de nos paysages, érode les affrontements et assouplit les rigidités. À condition que celui qui a la charge de la France soit suffisamment lucide et altruiste pour se placer au service de la communauté nationale dans sa diversité et pour favoriser une unité que notre pays n'a que trop tendance à négliger, tant nous aimons une forme abâtardie de la politique qui ne serait que le droit de se disputer librement pour tout et n'importe quoi. Ce que nous attendons d'un président, de droite comme de gauche – mais en 2007 il nous promettait une droite fabuleuse, inimaginable au sens propre –, c'est qu'en dépit de nos antagonismes et de nos querelles, dont au fond de nous nous ne surestimons pas l'importance, il nous rassemble. Pas qu'il nous dise qu'il a l'intention de nous rassembler, pas qu'il fasse discours après discours pour nous inviter à nous rassembler, mais qu'il nous montre, par son exemple, comment faire.

Il n'était pas absurde de l'attendre de Nicolas Sarkozy malgré un tempérament vif, abrupt, clivant mais intelligent : on pouvait se dire que c'était le candidat qui était en action, avec le registre spécifique d'une campagne, mais pas le président ; et que celui-ci serait majesté, allure, considération, respect et volonté d'unité. Il n'était pas saugrenu de prendre ce Bonaparte moderne – plus tard il m'a été reproché de le comparer à un Caligula au petit pied pour sa désastreuse conception de l'État de droit – pour une personnalité capable de dépasser l'esprit bêtement partisan au bénéfice d'un peuple pleinement engagé vers un avenir meilleur, sous sa houlette républicaine.

Quelle méprise ! Mais il promettait tant et c'était si neuf, si intense, c'était enfin une synthèse honorable de la droite et de la gauche, pas une amorce de fascisme.

Ce n'était pas pour rien qu'une frange non négligeable de citoyens de l'autre camp avait pris le parti d'accroître la masse traditionnelle des électeurs conservateurs et libéraux. Il est vrai qu'à entendre Nicolas Sarkozy au cours de sa campagne, ce qui se révélait avait la forme d'un objet politique non identifiable avec la perfection théorique d'une plénitude paraissant épouser toutes les facettes de la réalité nationale et internationale, toutes les couleurs d'un humanisme prêt à se dévouer pour des causes proches aussi bien qu'éloignées. Rappelons-nous : pas un enfant ne devait être victime, pas une femme ne devait être frappée, pas une injustice commise, pas un droit de l'homme transgressé, en France ou dans le monde, sans qu'immédiatement notre pays se mobilise, se fasse le soutien de ces faiblesses et manifeste comme notre République, porteuse, à la fois, de proximité et d'universalité, était exemplaire. C'était trop, bien sûr, mais comment ne pas pardonner à ceux qui, enivrés de surcroît par un discours de rupture – du passé malsain, faisons table rase ! –, ont cru à la possibilité, à la chance d'une ère nouvelle ! Précisément, nous aurions dû être alertés par le caractère trop incongru d'engagements tous azimuts aussi faciles à formuler qu'impossibles à tenir. Nous aurions, plus lucides, dû accepter le triste constat d'une manipulation classique, même si en l'occurrence elle a été infiniment mieux élaborée, plus subtilement conçue que tant d'autres qui relevaient du jeu politique ordinaire : le pouvoir à venir s'engage à tout, mais il sait bien que le citoyen n'est pas dupe.

Le grand mensonge de 2007

Pourtant, il y a quelque chose de crépusculaire à devoir constater que l'intense enthousiasme de 2007 n'a été égalé qu'en 2012 par la joie négative qu'a suscitée la défaite de Nicolas Sarkozy !

S'il ne s'agissait que de la défaite d'un homme, ce ne serait pas grave. Il y aurait même, dans ce destin au plus haut puis au plus bas, l'obligation d'un retour sur soi, d'une ascèse – celle qu'il n'a pas assumée en 2007 avant de présider ! – qui aurait pu faire le plus grand bien à Nicolas Sarkozy, toujours persuadé, malgré son ostensible et obligatoire retrait, que la France n'attend, n'espère que lui. Ce trouble sans cesse diffusé par les personnalités narcissiques, qui cherchent à nous faire confondre la vertu de ne pas succomber sous le poids des échecs et la vanité de nous instiller dans l'esprit, directement ou par l'entremise des thuriféraires, que nous aurions besoin d'elles et que nous serions orphelins !

Ce qui est advenu à Nicolas Sarkozy n'est devenu dévastateur pour la France qu'à cause de cette droite si singulière de 2007 qui aurait été un enchantement politique et une nouveauté absolue et de ce désenchantement de fond en comble de 2012 après la destruction consciencieuse et suicidaire, par le quinquennat écoulé, de tout ce sur quoi la majorité des citoyens avait édifié son adhésion initiale.

Bien pire que la lente dégradation et l'usure inévitable des promesses par le réel, de la virtualité des rêves d'avant l'action par l'exercice du pouvoir. En quelque sorte, ce phénomène, quel que soit le camp chargé des responsabilités, était accepté par la société comme étant la rançon fatale de l'écart entre un savoir qui n'avait pas le pouvoir et un pouvoir qui ne pourrait pas tout savoir.

Ce qui a constitué une différence sensible avec 2007 et ses suites tient, d'abord, au fait qu'aucun candidat – sauf peut-être en 1981, où certains exaltés comme Jack Lang nous auraient fait passer de la nuit au jour ! – n'avait autant promis. Moins par le nombre des engagements que par leur nature très particulière, on l'a vu, et par leur appréhension de tout le champ politique, droite classique et gauche généreuse, mêlées et fondues pour la plus grande réussite annoncée de cette République inédite.

Ensuite, force est de devoir relever qu'il n'a pas fallu des mois, mais quelques jours – je n'évoque même pas les débuts honteux, somptuaires et si peu accordés au sentiment populaire, tant flatté pourtant durant la campagne – pour que les promesses, n'engageant que ceux qui les avaient entendues et bêtement crues, s'effilochent, soient contredites, reléguées dans un coin d'où elles ne sortiraient plus, même pas comme regret ou remords, et remplacées par une politique agitée, réactive, ici erratique, là fondée, sous l'égide d'un président de la République brûlant avec désinvolture tout ce que le candidat avait prétendu nous offrir. Un président omniprésent, familier, quelquefois au bord de la vulgarité ou, pis, y tombant, fier-à-bras, arrogant, respecté pour son énergie mais détesté pour la piètre image qu'il donnait d'eux-mêmes aux citoyens qui lui avaient fait confiance pour la charge suprême.

Il n'y a pas la moindre parcelle démocratique, politique ou éthique qui ait échappé au massacre.

Le mérite, le travail, l'argent honorablement gagné, la République irréprochable, les droits de l'homme, un changement radical dans notre vision de l'Afrique et une remise en cause de nos liens avec trop de potentats, des nominations fondées sur la compétence, le talent et le sens du service public, une justice exemplaire, une France respectable dans un monde qu'à sa manière elle éclaire : il n'y a pas une de ces exigences qui a été même frôlée de l'esprit et de l'action.

Concevons qu'une telle dénaturation accomplie avec une énergie et un entêtement qui auraient dû se dévouer pour le meilleur au lieu d'être consacrés au pire a évidemment déstabilisé une part importante de l'électorat sarkozyste, et l'aurait désorientée bien davantage, si par un réflexe politicien, dans cet arbitrage à opérer entre l'honneur et la qualité de la droite et son maintien au pouvoir, beaucoup de citoyens n'avaient pas opté pour le réalisme. Cette défaite de la vérité face à un empirisme qui se trouve toujours de bonnes justifications pour l'emporter n'a pas été pour rien non plus dans la dilution d'une France que la cohérence morale et intellectuelle aurait au contraire soudée.

L'État de droit à la corbeille

Force a été de devoir admettre, à mon grand dam, que la vision politique du camp conservateur et/ou libéral s'est trop souvent réduite à une inféodation partisane qui consistait à tout valider de la part de son champion et à négliger tout ce qui pourtant à l'origine avait justifié un soutien, mais sur des bases tout autres.

Qui a protesté, par exemple, quand dans ce simulacre d'ouverture en 2007, Jean-Marie Bockel, ayant cru dur comme fer qu'il avait été nommé pour rétablir la morale dans les relations franco-africaines, s'est retrouvé renvoyé du jour au lendemain précisément pour y avoir cru et parce que des ministres de sa sorte sont dangereux qui prennent au sérieux la mission honorable qu'on leur assigne. Je crains d'ailleurs que lui-même n'ait que faiblement réagi comme s'il y avait une quelconque grâce à être désavoué par le fait du prince, si républicain qu'il soit.

Qui s'est insurgé quand François Pérol, dédaignant la commission de déontologie, a quitté l'Élysée pour occuper une responsabilité bancaire cruciale à la demande du président, sans que ni l'un ni l'autre ne se soucie des risques de conflit d'intérêts sur lesquels, en 2012 encore, on continue d'enquêter ? D'ailleurs, craignant les suites judiciaires, le principal intéressé s'est fait par anticipation renouveler comme président par son conseil d'administration pour une durée de quatre ans. On n'est jamais trop prudent !

Qui s'est indigné devant le processus scandaleux, trop vite qualifié d'« arbitrage Tapie-Crédit lyonnais », qui a consisté à soustraire à la justice ordinaire un contentieux dont l'issue allait être défavorable à l'homme d'affaires (on ne les qualifiera pas !) pour le livrer à un tribunal arbitral où deux arbitres avaient totalement avalisé ce qu'un troisième, douteux, avait conçu et accepté ? Sur ce plan, notons, au début de cette année, la formidable accélération dans le cours de l'instruction concernant cette affaire. Sans doute pour rattraper l'impression de temps perdu, nous avons une justice dorénavant à bride abattue. On a gagné au change.

Qui s'est révolté, à l'exception du seul Charles de Courson, devant l'acharnement mis par la ministre Christine Lagarde à ignorer systématiquement avertissements, conseils, injonctions et réglementations dès lors qu'ils étaient de nature à porter atteinte aux intérêts de Bernard Tapie ? Il a fallu l'insistance courageuse de Jean-Louis Nadal, alors procureur général près la Cour de cassation, pour qu'une instruction soit ouverte devant la Cour de justice de la République sur ces agissements impliquant le plus haut niveau de l'État.

On pourrait m'opposer que la volonté du chef de l'État de nommer son fils Jean à l'EPAD a tout de même fini par susciter une fronde qui a persuadé, mais bien tard, le président et son rejeton de l'inanité choquante de leur démarche. Mais, en l'occurrence, il s'agissait vraiment de la goutte de népotisme et d'arbitraire qui avait fait déborder le vase démocratique, pourtant fort accommodant avec Nicolas Sarkozy.

Puis-je soutenir que ces séquences, ces abus pèsent peu au regard de ce que la justice a dû endurer et l'État de droit subir, même si elles ont bafoué les règles républicaines du mérite, de l'équité et de la compétence en persuadant un pays qui déjà n'en doutait guère qu'il n'est « point de salut hors du clientélisme » ?

Il n'est pas indifférent de relater cette histoire dans ses manifestations les plus saillantes, car le passé, dont elle témoigne, est en lien direct et contrasté avec le début du quinquennat de François Hollande. Christiane Taubira n'a d'ailleurs pas cessé, comme garde des Sceaux du gouvernement de Jean-Marc Ayrault, de caricaturer au-delà de toute vraisemblance la politique pénale d'avant – on a l'impression que la réalité d'hier aura donné toute légitimité à celle d'aujourd'hui qui n'a précisément pour obsession que d'en être le visage inversé.

Ce qui, en effet, a constitué l'échec le plus éclatant du quinquennat de Nicolas Sarkozy se trouve être le traitement de la Justice par le président, puisque ses gardes des Sceaux successifs n'ont pas eu de véritable emprise sur une réalité et un univers dont ils avaient pourtant la charge théorique.

Il serait trop long de faire le compte de ce qui, au fil de ces années, a mis en évidence l'inaptitude du chef de l'État, cependant garant de l'unité et de l'indépendance de la magistrature, à assumer ce rôle et cet honneur, puisque, de toutes ses fibres, il se moquait de ces « petits pois » qu'il tenait en aussi piètre estime que les diplomates. Au fond, sa détestation du corps judiciaire s'était d'emblée voluptueusement traduite, à la suite du conseil de sa deuxième épouse, par le choix comme ministre de l'atypique Rachida Dati, si peu faite pour une fonction qui exigeait gravité, rigueur et compétence.

L'absence d'une véritable politique pénale, la gestion désordonnée, erratique, émotive, démagogique et arrogante par le pouvoir du monde de la Justice, la manifestation choquante des manipulations, des pressions et des soumissions, la mise en lumière d'un officieux qui en général demeurait caché derrière l'officiel, la découverte des coulisses dans lesquelles gravitaient ombres, fidèles et inconditionnels prêts à toutes les manœuvres, les écoutes clandestines Bettencourt, les suspicions fortes à l'encontre d'Éric Woerth, le scandale des relations délétères entre Nicolas Sarkozy et Philippe Courroye, procureur à Nanterre, les absurdes réformes lancées sans concertation, les unes contredisant les autres comme si l'État ignorait ce qui se déroulait sous son autorité, la montée d'une nausée républicaine devant la République qui nous avait entraînés parce qu'elle s'était présentée – il y a longtemps, si longtemps ! – comme irréprochable et avait été bafouée, détournée – tout, absolument tout avait fait périr, au fond de nous, la fierté d'être citoyens de ce régime-là.

Bien sûr, à la longue, la détestation de la personne présidentielle chez beaucoup, dont j'étais, prenait le pas sur toute analyse lucide, objective de ce qu'il pouvait y avoir de bien dans certaines initiatives, par exemple la question prioritaire de constitutionnalité, la forêt diffuse d'une hostilité trop profonde et instinctive pour être rejetée dissimulait quelques arbres de qualité, acceptables, mais le bilan sauvé ici ou là pesait peu devant l'irrésistible montée d'un sentiment négatif qui n'était préoccupé que de la défaite de Nicolas Sarkozy. Sans doute François Hollande, tout en jouant sur ce velours démocratique qui semblait lui faciliter la tâche, n'a-t-il pas compris l'étendue, l'ampleur de ce rejet et a-t-il pensé, après son élection, devoir être beaucoup plus redevable à son programme, même flou et généreusement général, qu'à cette cassure entre le peuple et son prédécesseur.

Ce qui a marqué les esprits et alerté les consciences de bonne foi n'a pas été le constat qu'avec ce pouvoir comme avec d'autres des errements se produisaient, des comportements indécents se manifestaient et des privilèges s'extériorisaient non sans une tranquille assurance. Rien que de normal dans cette trop habituelle dégradation. L'indignation venait d'ailleurs. De la désinvolture et du cynisme avec lesquels on avait pris les valeurs et les principes, on les avait tordus en ne faisant même pas semblant de les respecter. Derrière cette transgression sereine, comment ne pas percevoir la double nature de cette droite tellement persuadée d'être légitime à cause du réel dans lequel elle s'était installée qu'elle n'hésitait pas à se moquer comme d'une guigne de ses idéaux affichés et à agir comme si les citoyens, interlocuteurs nécessaires durant la campagne, n'avaient plus qu'à se contenter des miettes du spectacle ? Une droite sans vertu, un peuple méprisé à proportion même des invocations permanentes auxquelles il avait droit.

L'hyperprésidence ou l'autocaricature

La traduction de ce que sur ce plan je dénonce est apparue éclatante par l'ouverture des coulisses menant à la scène de cette démocratie si imparfaite. Il me semble que le quinquennat de Nicolas Sarkozy, souvent à son corps défendant mais parfois volontairement, a constitué une sorte de revanche de l'officieux par rapport à l'officiel. Du réel par rapport au légal.

En effet, jamais comme durant ces années les souffleurs n'ont-ils décidé de se montrer en pleine lumière. Les maladresses téléphoniques d'un Brice Hortefeux ont donné dans le ridicule, mais on a eu tort de s'en moquer : rien n'est plus utile qu'un imprudent qui vient révéler l'envers de l'endroit. Ce qui était dissimulé hier et se gardait bien de faire apparaître le bout choquant de son nez – hommage du vice à la vertu ? –, sous toutes les latitudes politiques depuis 1958, s'est avec Nicolas Sarkozy ébroué comme une bête trop longtemps endormie pour se camper sur la place publique.

Il convient aussi d'avouer que la démocratie a bénéficié d'un concours de circonstances exceptionnel – et la fonction de juge d'instruction avec elle, qui a été sauvée dans le même mouvement – grâce aux écoutes clandestines opérées par le maître d'hôtel de Liliane Bettencourt.

Quelles qu'aient été les motivations de cet homme, ce qu'il a permis de révéler a jeté une lumière crue, cynique, accablante sur une réalité qui, dans des Républiques apparemment les plus exemplaires, demeure toujours occulté. On a levé le rideau et chacun, alors, a pu constater, derrière l'apparence, la vérité, sous les abstractions et les principes, l'inégalité et les privilèges, malgré l'honorabilité proclamée, l'argent indécent et dévoyé. Une parfaite représentation de ce quinquennat, comme une caricature.

Pour ceux qui nourrissaient encore l'illusion d'une justice sans doute critiquable, mais toutefois soucieuse d'équité entre les parties, le dessillement a été total. La relation délétère entre Nanterre et l'Élysée a abouti au scandale d'un conseiller de Nicolas Sarkozy, ancien magistrat, n'hésitant pas à annoncer à l'une des parties, dans une instance délicate pour abus de faiblesse, un résultat bien longtemps à l'avance, contre toutes les règles d'une bonne administration. Le comble tient au fait que ces dérives gravissimes n'ont pas bouleversé, tant, d'une certaine manière, tout ce qui advenait s'insérait dans une sorte de pessimisme généralisé, présumant le pire sur le plan de l'éthique publique de la part de ce quinquennat, et augmentait seulement le mépris d'une frange non négligeable de notre société à l'encontre de la démocratie classique.

Celle-ci n'était pas davantage honorée aux yeux de ceux qui, sans même se pencher sur le cours des procédures susceptibles d'incriminer Éric Woerth ici ou là, découvraient avec effarement qu'en dépit de sa fonction ministérielle et de son rôle à l'UMP, celui-ci ne s'était pas abstenu quand l'occasion s'était présentée, favorisée ou non par lui, de faire embaucher son épouse au service de la plus grosse contribuable française, Liliane Bettencourt.

Entre la moralité exemplaire et la transgression éclatante, ne serait-il pas souhaitable de faire entrer dans les consciences l'exigence de décence, l'obligation de dignité, d'y ajouter un sixième sens qui donnerait aux responsables et aux titulaires du pouvoir et de l'autorité, à quelque niveau que ce soit, l'intuition de ce qui se fait ou ne se fait pas ? D'inventer comme un code de bonne tenue en politique puisqu'apparemment, dans ce monde, il y a encore beaucoup trop d'ignorants.

Ce n'était pas tout. Cette droite qui durant l'essentiel du quinquennat avait banalisé, pour ne pas dire plus, l'exaltation pure des promesses de 2007 aurait pu tranquillement s'acheminer vers une défaite décente, mais la certitude de cette déconfiture quasi inévitable a conduit Nicolas Sarkozy, après un premier tour qui le mettait en position difficile, à changer d'orientation, à adopter un tout autre registre, moins à pactiser avec le diable qu'à montrer comme il lui importait peu de se mouvoir, de penser, de réagir dans son orbite.

Un second tour sans foi ni loi

Que le candidat Sarkozy en 2012 ait décidé, même en bout de course, d'aller puiser dans le vivier du FN sur le plan de la sécurité et de la justice n'aurait rien eu de honteux si, derrière cette démarche d'appropriation racoleuse, ne s'était manifestée, pas de la part de n'importe qui mais du président de la République célébré encore comme un modèle par ses troupes, une attitude faite de désinvolture, de cynisme, une sorte de pari indécent et ludique où la France, ses valeurs, son honneur étaient joués à coups de dés. Pour gagner, pour vaincre ce candidat socialiste que l'on avait trop méprisé et dont on se rendait compte, presque au terme de la campagne, qu'il était redoutable et que lui avait adopté, à l'égard des électeurs du FN, qui avaient assuré un beau score à Marine Le Pen, un ton efficace, mais sans complaisance. Une campagne présidentielle, quand le second tour est proche et que la lutte oppose de moins en moins deux projets, mais deux personnalités, deux systèmes de valeurs et deux modes d'ancrage dans le futur et de conviction, si faire se peut, des indécis et même des adversaires, est révélatrice. Elle peut sombrer ou se maintenir à flot. Nicolas Sarkozy a choisi, pour la droite, moins pour la sauver que pour se prolonger lui-même, la voie la moins rectiligne possible, la plus choquante, qui pourrait se définir ainsi : le peuple n'est pas assez important pour qu'on le respecte. Peu me chaut que Patrick Buisson soit l'inspirateur de cette tactique. Ce qui me navre est la prise en charge de cette volte espérée profitable pour le vote à venir par le président, avec tout son talent, qui demeurait grand, et cette incroyable indifférence à l'égard de la dignité républicaine. Il est vrai que le sol politique était déjà jonché de tant d'illusions mortes et de cadavres qu'il n'en était plus, ce chef de l'État en sursis, à une provocation près.

Cette dénaturation sans foi ni loi de la campagne présidentielle, si elle n'avait que porté atteinte à l'image de Nicolas Sarkozy aux yeux de ceux qui le considéraient encore avec bienveillance, aurait été limitée dans ses effets négatifs.

Mais, ajoutée aux déceptions accumulées et à la conscience que cet homme ne pouvait plus nous représenter, elle a achevé une droite à l'agonie. Elle l'a mise en miettes et François Hollande a sans doute manqué d'intuition en se privant d'en ramasser quelques-unes pour tenter de donner du corps et une assise à un socialisme qui, si responsable qu'il se prétendait et préparé au pouvoir qu'il s'affirmait, a débuté dans l'amateurisme, fait feu de tout bois sur le sociétal et poursuivi son chemin en ne se rappelant à aucun moment la masse qui s'était mêlée aux électeurs de gauche pour la victoire de leur candidat. Le changement de perception et d'action en matière de politique économique et financière et par rapport aux entreprises n'a pas été suscité par une complaisance reconnaissante, mais par la terrible et contraignante irruption du réel.

Parce qu'il y avait eu trop d'espoir en 2007. Cette élection présidentielle qui avait vu une très forte participation fut analysée à juste titre comme une renaissance de la passion civique et du débat public. Ce n'était pas seulement une fidélité à ses engagements que l'on attendait du quinquennat écoulé, mais la conscience que cette résurrection du politique imposait des devoirs et, en tout cas, ne permettrait pas une dégradation de ce sentiment commun qui, au-delà des antagonismes idéologiques, avait réveillé la France.

Pas d'illustration plus éclatante de cette déperdition que l'état dans lequel notre pays s'est retrouvé après la défaite de Nicolas Sarkozy.

Cette dernière, « obtenue », puisqu'il paraît, à écouter l'UMP, qu'elle constituait une victoire, par la mise en œuvre de cet opportunisme sans éthique que j'ai décrit, a déjà, à cause de sa nature délétère, bouleversé l'univers de la droite classique, traditionnelle, respectable.

Qui en effet aurait pu prévoir que de si nombreux soutiens au moins formels auraient pu continuer à se manifester en faveur d'une campagne et d'un homme ayant violé allègrement des principes si bien enracinés dans un libéralisme éclairé que le président/candidat ne cessait de se vanter, en dépit des connivences locales ou régionales, de refuser le moindre accord national avec le FN ? Qui aurait pu soupçonner qu'au lieu de dénoncer cette domestication du politique par l'ambition vulgaire et le désir effréné de conservation du pouvoir, tous ces responsables avisés, ces personnalités lucides se flattant d'être soucieux de morale adopteraient le discours univoque, ces éléments de langage tendant à féliciter leur champion présidentiel pourtant au tapis d'avoir quasi triomphé ?

Bien pis, ils refuseraient même la plus petite allusion à la nécessité pourtant criante d'un inventaire, d'autant plus attachés au dogme sarkozyste qu'ils attendaient l'élection à la présidence de l'UMP pour enfin s'en dégager. Cette dernière était espérée par beaucoup parce que se dégager de l'emprise du responsable de cette « merveilleuse » déconfiture ne s'avérerait possible qu'à partir du moment où un autre, enfin légitime grâce à l'élection, prendrait la relève, se souviendrait du passé, y opérerait un tri et préparerait l'avenir sans retomber dans un catéchisme aussi sommaire que celui, à rebours, du socialisme dogmatique.

Rêves profondément déçus. Sarkozy et puis rien

La comédie que l'on nous a jouée pendant quelque temps a volé en éclats. Parce que la droite en miettes qu'a léguée Nicolas Sarkozy a créé ses ravages. Le refus de l'inventaire du quinquennat, derrière l'apparente courtoisie de l'abstention, manifestait, en dépit des soutiens et des fidélités proclamés, qu'il valait mieux ne pas se lancer dans une analyse lucide des forces et des faiblesses de la politique passée. Parce que l'exercice aurait été trop dangereux. Qu'aurait-on trouvé qui puisse retenir l'estime et la fierté par rapport aux engagements de

2007 ? Rien, ou quasi rien. Il aurait fallu chercher un sens, dégager une ligne directrice, imaginer une cohérence à cet éparpillement de l'agitation présidentielle, à ces multiples coups de menton, à cette frénésie verbale d'un matamore annonçant mille merveilles mais pour si peu de résultats. Une tâche impossible que de donner forme à l'erratique et maîtriser les foucades.

L'UMP n'a pas hérité d'une politique mais d'un homme. En effet, bien en peine de nous démontrer quelle a été la démarche présidentielle de Nicolas Sarkozy, sinon qu'elle a accompli, en son début, le contraire de ce qui aurait convenu et qu'elle a par la suite représenté une adaptation forcenée à une réalité internationale retouchée de sommet en sommet, qu'elle a, enfin, installé au sein de notre société une machine à opposer et à discriminer, qu'elle a exacerbé les antagonismes et qu'elle a tenu pour rien les exigences d'un État de droit, les inconditionnels de son quinquennat sont condamnés à reprendre, mais à rebours, la perception de ses adversaires : ceux-ci ayant été détournés de suivre Nicolas Sarkozy à cause de sa personnalité et de sa posture si peu présidentielle, ses thuriféraires vantent son activité, son omniprésence, son énergie, son réalisme, analysant ses faiblesses moins comme la marque d'un caractère dépassé par sa charge et les événements que comme des manifestations de l'humanité d'une personne au fond proche de nous. Après l'avoir décrié pour ce qu'il a été, on prétend sauver Sarkozy pour ce qu'il est. Dans l'un ou l'autre cas, ce qui est légué et dont on doit se contenter n'a rien à voir avec un capital que la France d'aujourd'hui aurait à exploiter, avec un esprit profond dont notre pays devrait s'inspirer. Un mouvement, pour les indulgents, une agitation, pour les autres. Pas de pensée mais de l'action, pour les sévères. De l'empirisme, pour les fidèles.

D'ailleurs, à bien examiner les motions qui ont été présentées lors du vote pour la présidence de l'UMP – nous sommes encore en plein vaudeville, le 1er décembre, et apparemment Nicolas Sarkozy va s'épuiser à jouer les conciliateurs en s'échinant à persuader Copé et Fillon de sauver l'unité du parti, dont notre perdant de 2012 aura besoin en 2017 ! –, les deux signifiantes ont été celles qui ont gagné : La Droite forte et, la plus fine et réfléchie, La Boîte à idées. La création utile de cette dernière a montré que l'UMP en manquait singulièrement tandis que l'autre, menée par Geoffroy Didier et Guillaume Peltier, a été incapable de proposer autre chose qu'un adjectif tonitruant cherchant à se faire passer pour un fond éclairé.

3

La normalité dans la tempête

Quand le président François Hollande a pris la barre le 16 mai 2012, personne, même parmi les socialistes de son obédience et de sa ligne, n'a fait preuve d'un triomphalisme qui aurait été choquant face à l'état de notre pays et aux perspectives sombres qui l'attendaient et qui, malheureusement, se sont confirmées. En particulier avec l'augmentation dramatique du chômage, dont savoir qu'elle durera jusqu'à ce que les effets de la nouvelle politique économique, financière et sociale commencent à la réduire à la fin de cette année ou en 2014 n'incite guère à l'optimisme.

On attendait beaucoup de François Hollande et s'il n'a pas bénéficié d'un état de grâce – il aurait fallu que la contrainte nationale et internationale laisse la place à une accalmie faite de pure espérance –, il est sûr toutefois qu'un temps il a profité d'un climat d'apaisement qu'il a su également créer. Ce n'était pas rien que cette France comme délestée tout à coup d'un poids, vidée de sa rancœur permanente et enfin libre d'une arrogance qui devenait de plus en plus insupportable au fur et à mesure que la réalité la démentait et que l'échéance présidentielle se rapprochait.

François Hollande était remercié d'avoir comblé nos vœux et, sans tomber dans le syndrome de la guerre civile, je n'ose imaginer ce que nous serions devenus, et notre communauté nationale, si Nicolas Sarkozy avait perçu les dividendes de son retournement honteux, qui n'avait pas besoin de Patrick Buisson pour être opéré : Nicolas Sarkozy, à lui seul, était susceptible de l'élaborer et de le mettre en œuvre tant en définitive ce qui apparaît essentiel pour un homme de pouvoir est moins la manière dont il l'a conquis que les chemins par lesquels il accepte ou non de passer pour le conserver.

François Hollande, dont la campagne entre les deux tours, avec un même objectif pourtant – détourner les électeurs du FN de ce parti et de Marine Le Pen –, avait fait contraste républicain avec celle de Nicolas Sarkozy, a été accueilli comme un sauveur, tout simplement parce qu'il nous a permis de ne pas avoir « une gueule de bois » politique. Nous ne voulions plus de son prédécesseur et il nous en a débarrassés.

Pour être franc, je vivais avec une sorte d'angoisse démocratique le tir de ses dernières cartouches par Sarkozy, effaré qu'il n'ait songé qu'à la fin de son quinquennat à faire repentance pour les débuts calamiteux de celui-ci, avec pour une fois une contrition, une modestie qui lui auraient sauvé la mise si elles n'avaient pas été si tardives mais assumées dès l'épisode du Fouquet's et la substitution du yacht de Bolloré au monastère fugacement envisagé. Sur ce plan, comment ne pas établir de comparaison avec l'attitude de François Hollande, qui, conscient de la déflagration opérée par le tweet de sa compagne Valérie Trierweiler en faveur d'Olivier Falorni et contre Ségolène Royal, a tenté tout de suite d'en effacer les effets dévastateurs tant pour elle-même que pour son image à lui, à la fois en tant qu'homme et que politique ? Je ne suis pas sûr d'ailleurs que ne demeure pas dans l'esprit collectif un déficit, un discrédit, surtout si l'on y ajoute telle ou telle autre péripétie qui n'a pas grandi le président dans l'évaluation de sa capacité à affronter les désirs contradictoires de deux femmes, l'une mère de ses enfants et l'autre tout entière tendue vers l'effacement de ce qui n'était pas elle.

François Hollande a pu donner l'impression de s'endormir sur le mol oreiller de cette bienveillance qui lui était si libéralement octroyée parce que sa personnalité avait pris la relève d'une autre. Il est vrai aussi que durant ces mois que l'on était prêt à accepter comme un apprentissage à condition que celui-ci fût suivi rapidement par une maîtrise des situations, François Hollande est parvenu, avec toutes les réserves et les limites qu'imposait son statut présidentiel, à instaurer un nouveau style, à proposer aux citoyens une pratique rénovée.

Certes, trop longtemps, l'antisarkozysme a justifié les échecs. Pour être de bonne guerre, cette mise en question de la responsabilité d'hier pour expliquer aujourd'hui et faire craindre demain devenait à la longue contre-productive, car elle soulignait l'impuissance du pouvoir en place plus que les carences de l'ancien. Une autre conséquence de cet alibi imprudemment invoqué tenait au fait que, en se focalisant sur le dernier quinquennat, la tentation était de qualifier les rares réussites socialistes de prolongation des succès d'hier.

François Hollande, en sa qualité de président « normal », pour faire encore un sort à ce comportement qui, venant après l'anormalité d'avant, avait du sens, étiqueté ainsi, a clairement réussi ses premiers mois de quinquennat sur ce plan. Le citoyen s'est familiarisé avec cette manière justement plus familière et plus tranquille de présider, même si après la découverte enthousiaste des premiers temps, comme toujours en France, l'habitude a fait paraître presque banal ce qui hier, avec Nicolas Sarkozy, aurait représenté une formidable progression.

Fin de l'alibi antisarkozyste

Il semble que François Hollande lui-même se soit peu à peu ajusté à ce qu'il souhaitait présenter à la société : une synthèse entre l'allure consubstantielle au chef de l'État et son importance républicaine d'une part et, d'autre part, ce que l'on pouvait perdre de majesté et de pompe superfétatoires sans altérer le cœur du pouvoir. Peut-être faut-il convenir – constat à la fois désolant et positif – que cette exploitation de sa personnalité par lui-même a été jusqu'à maintenant, et probablement ce bénéfice durera-t-il jusqu'à la fin de son mandat, la principale conquête de François Hollande et sa plus sûre victoire.

En effet, son avancée constante vers une démocratie plus apaisée chaque jour par la seule vertu de sa personne constituera d'autant plus, et d'autant mieux, un précieux capital à la fois subjectif et politique que sur ce registre on peut se persuader que le contraste avec la désinvolture antérieure offrira une comparaison à son avantage.

Alors qu'avec sa conférence de presse du 13 novembre 2012, il a marqué pour lui-même, et évidemment pour son gouvernement, la fin de l'antisarkozysme politique et économique comme prétexte, alibi et excuse. Il était temps. À force, les socialistes finissaient par nous donner l'impression qu'ils avaient tellement peur d'être crédités d'une action qu'ils préféraient blâmer, celle du prédécesseur. Maintenant, si j'ose cette comparaison irrévérencieuse, le président est nu, condamné à nous montrer ce qu'il est capable d'accomplir, lui, et lui seul.

La prestation du président de la République a été remarquable sur le plan technique, et on sentait ce qu'il y avait pour lui de jouissance intellectuelle et presque de plaisir narcissique à se montrer si à l'aise dans un exercice que Nicolas Sarkozy n'avait jamais renouvelé. Aussi bien dans son exposé liminaire que dans ses réponses courtoises et argumentées à sa manière – de la superficialité souriante avec des moments de gravité adaptés aux sujets –, François Hollande a manifesté, contre ceux qui se plaisaient à douter de son intelligence ou à dénigrer sa détermination d'esprit, sa parfaite maîtrise de l'univers de la parole. Mais, en dépit de la présence de très nombreux journalistes du monde entier, nous n'étions pas, lors de cette conférence, sur la scène de l'univers mais dans un théâtre noble où il ne s'agissait que de traduire en abstractions et en symboles les tragédies, les souffrances et l'inextricable enchevêtrement d'une réalité nationale et internationale difficile à appréhender, dure à dominer.

Pourtant, ce n'est pas que cette immense et passionnante cérémonie médiatique n'ait pas tenu la promesse que constituait depuis plusieurs jours l'annonce de la remise du rapport Gallois au Premier ministre.

L'engagement a été respecté et on pourrait presque soutenir que cette conférence a marqué la véritable naissance, en France, d'une vision sociale-démocrate assumée, théorisée et revendiquée. Comme un Bad Godesberg tardif. Mais ce qui gênait doublement le citoyen à l'écoute de cette illustration et cette justification orales tenait à un malentendu et à une obligation.

En effet, durant la campagne présidentielle, tout était déjà connu, en place, le dispositif de l'infortune française était installé depuis belle lurette, et si l'on n'avait pas été trop occupé à minimiser les effets d'une crise, parce que Nicolas Sarkozy n'avait pas cessé d'en tirer argument, le candidat Hollande aurait pu nourrir ses discours de l'absolue nécessité de la rigueur et de la réduction des dépenses publiques.

Alors qu'il aurait dû annoncer une France appelée à subir un socialisme gestionnaire sans faiblesse mais enfermé dans un étau, il a tenté de se frayer un chemin entre l'avenir volontariste et prodigue proclamé par un Mélenchon au meilleur de sa forme qu'il ne pouvait négliger, d'une part, et, d'autre part, l'affirmation d'un socialisme responsable et lucide, le sien, enclin tout de même à remiser toute austérité dans les oubliettes. Pourquoi, d'ailleurs, se serait-il cru coupable de quoi que ce soit puisqu'il a gagné sur cette imposture consciemment cultivée et offerte ?

Le président écartelé

Il n'empêche que, très rapidement, le président a dû payer le prix de cette ambiguïté, puisque son gouvernement et lui-même ont été contraints d'avouer leur prétendu manque de clairvoyance parce qu'ils avaient sous-estimé l'ampleur de la crise. C'était du même coup valider rétrospectivement une argumentation ressassée par le pouvoir précédent et se faire taxer d'amateurisme.

On prenait conscience que cette social-démocratie, qui venait ainsi complaire, bien au-delà de la gauche classique, à de nombreuses sensibilités qui aspiraient depuis longtemps à un refus net d'une révolution toujours fantasmée et à une acceptation pleine et entière de la réforme, n'avait pas été la conséquence d'une résolution politique libre de ses mouvements, de ses concepts et de ses choix mais la suite imposée d'un réel que l'on avait cherché par tactique à occulter. Non seulement ce socialisme raisonnable et calculateur n'en était pas un puisqu'il n'était que l'apparence, la façade d'un pouvoir pris à la gorge, mais cette volte imposée par des circonstances se rappelant au bon souvenir des socialistes perdait tout caractère socialiste pour se fondre dans une sorte d'objet économique et financier qui ressemblait comme un frère à celui que n'aurait pas manqué d'élaborer les dirigeants d'avant. La conclusion en était à mon sens que François Hollande, par ce revirement, perdait aussi bien sur sa gauche que sur sa droite. Entraîné à droite à cause de son aveuglement et de sa trop grande et dangereuse subtilité, il ne pouvait plus bénéficier de ce que son discours aurait eu de courageux et de novateur pour la gauche qu'il représentait. Socialiste ligoté, il se faisait plus que jamais le souffre-douleur de Mélenchon et laissait de fait, dans cette quotidienneté infernale pour lui et son gouvernement depuis le

16 mai, sa direction et sa politique s'égarer sur des chemins contradictoires.

Loué avec condescendance par une droite oubliant ses échecs ou ses impuissances, il était traité avec dérision ou mépris par une gauche extrême qui voyait dans cette modération et ce réalisme de fraîche date le signe qu'elle avait toujours eu raison : François Hollande était à peine socialiste. Pour Mélenchon, tout était « à jeter » dans les propositions du président, et Pierre Laurent considérait que ce gouvernement n'était pas « à la hauteur ». Évidemment, avec le crédit d'impôt de 20 milliards d'euros sur trois ans accordé aux entreprises, le retour de la TVA sociale (en dépit des explications tortueuses tendant à soutenir que ce n'était pas comme sous Sarkozy même si cela y ressemblait !), le pacte de compétitivité (mais pas le choc !) et, plus globalement, la danse du ventre et de la séduction pour ramener dans ses filets un patronat que dans la fougue factice de la campagne on avait cherché à faire fuir, une certaine gauche ne trouvait plus du tout son compte dans cette mue. Au mieux s'agissait-il là d'un socialisme intelligent, adapté et se laissant imposer par des contraintes indiscutables un changement de cap. Au pis, d'un sarkozysme décalqué, sans l'agitation du capitaine d'hier.

Cette domestication du socialisme, généreux et prodigue, par l'implacable réel des contraintes économiques et financières va s'aggraver. Didier Migaud, nommé à la tête de la Cour des comptes par Nicolas Sarkozy, ne cesse de rappeler à la gauche qu'elle n'a plus à l'être. Les 3 % du PIB de déficit imposés par Bruxelles sont évacués et le pouvoir a poussé un lâche soupir de soulagement. Le reniement imposé a une allure de lucidité. La croissance est réduite, la révision déchirante a une apparence, même tardive, d'honnêteté.

L'austérité va continuer à peser, avec cette violence qui s'attache à des causes inéluctables mais qu'on s'obstine à croire réversibles. On va manifester, aller dans la rue et brandir des pancartes pour se donner l'illusion que le combat a encore du sens.

Sur le plan politique, l'aile gauche du PS va se camper dans une attitude de plus en plus en dissidence par rapport au corpus officiel. François Hollande aurait tort de négliger cette opposition qu'une habile tactique et des arrangements ne suffiront pas à étouffer. L'extrême gauche se comporte comme chez elle au sein de la social-démocratie à la Hollande.

François Hollande était tenu pour à peine socialiste pour le Front de gauche et ces adeptes frénétiques du « il n'y a qu'à » qui offraient à une France déboussolée le plaisir d'une lecture simple, voire sommaire, de problèmes infiniment complexes. Notre pays et le monde n'étaient plus des rébus mais des champs où le volontarisme avait toutes ses chances. Le président de la République a sans doute eu tort de faire fi de cette surenchère, persuadé que l'intelligence serait plus forte que toutes les démagogies fiévreuses, plus convaincante que les excès favorisés par la merveilleuse irresponsabilité due aux échecs électoraux pressentis et, de fait, survenus.

Aussi le socialisme a-t-il vite été à la peine. À tel point qu'il serait fastidieux de relever, en si peu de temps, le nombre de couacs, de dysfonctionnements, d'imprudences, de mauvais choix, de contradictions et d'incohérences qui ont altéré gravement le chemin du pouvoir, comparable à certains moments à un chemin de croix. Surtout si on mêle les critiques liées aux personnes et aux fonctions aux dénonciations de fond.

Il faut être Jean-François Copé, qui n'a peur de rien, surtout pas de la bêtise la plus redoutable qui soit – celle s'enflant de péremptoire –, pour oser affirmer que François Hollande n'est pas « au niveau ». C'est mal comprendre et mal analyser ses forces et ses faiblesses.

Mais, cela souligné, le président a déçu sur bien des plans : la composition pléthorique de son gouvernement, sa structure aberrante dans le secteur capital de l'économique, du financier et de l'industriel, la désignation peu lucide de Jean-Marc Ayrault comme Premier ministre, l'honneur maladroit fait à des personnalités certes estimables mais qui, elles, ne méritaient pas d'être ministres, la médiocre communication du pouvoir, une impression générale non pas de force collective qui va, mais d'équipe tirant à hue et à dia, sans chef véritablement respecté.

À l'évidence, ce gouvernement comprend trop peu de « professionnels » indiscutables et indiscutés, dont la fiabilité et la compétence ne dépendraient pas seulement de leur trompeuse exposition médiatique. Quelques noms, tout de même : Manuel Valls, excellent ministre de l'Intérieur dont je comprends qu'il en ait eu assez d'être comparé absurdement avec Nicolas Sarkozy, le chemin étant forcément identique, mais le parcours, les méthodes et la vision ne l'étant pas. Jean-Yves Le Drian, solide ministre de la Défense. Michel Sapin, qui a la lourde tâche de faire baisser le chômage. Pierre Moscovici et Jérôme Cahuzac, si ce dernier n'est pas détruit par l'accusation d'avoir fait ouvrir un compte en Suisse et les suites de cette affaire lancée par Mediapart. Vincent Peillon, brillant à l'Éducation nationale. Christiane Taubira dont la politique pénale est très critiquable, mais dont la personnalité ne manque pas de densité et d'intelligence. C'est à peu près tout dans un gouvernement qui, en dépit des engagements, n'a pas fait dans l'économie. Dany Cohn-Bendit, avec sa franchise brutale inimitable, a bien résumé l'impression dominante en déclarant le 18 décembre : « Disons que ce gouvernement m'étonne, car il n'était pas préparé. Comparé aux gouvernements du président Mitterrand ou à celui de Jospin, ce qui m'étonne, c'est qu'il y a trop peu de pointures. »

Couacs, crises de nerf et défiance

Sans tomber dans une querelle de bas étage, le rapport du président avec sa compagne, Valérie Trierweiler, et sa manière à la fois peureuse et parfois indélicate de se conduire, à cause d'elle, à l'égard de la mère de ses enfants, Ségolène Royal, ont probablement dégradé son image bien au-delà de ce qu'il présumait. Aujourd'hui, il n'y a plus, il ne peut plus y avoir de cloison étanche entre l'être intime et la personne présidentielle. L'un affecte l'autre et l'autre fait douter de l'un. D'autant plus que la « normalité » du président est battue en brèche par son entêtement à ne pas faciliter les choses à la République en se constituant avec Valérie comme un couple officiel, marié. Sur ce plan, j'éprouve l'impression que François Hollande manifeste une répugnance infinie à s'engager véritablement, peut-être par souci de ne pas entraver sa liberté et, pis que cela, de ne plus être pris au dépourvu par de possibles débordements futurs de sa compagne, qui l'obligeraient, éventuellement, à en tirer les conséquences extrêmes qu'il estimerait cette fois nécessaires. François Hollande, avec sa pudeur et sa retenue, devrait tout de même demeurer très attentif à ce que son tempérament à la fois « cool » et digne peut inspirer aux Français comme enseignement ambigu et contradictoire. Il ne s'agit pas de le moquer, comme Gilbert Collard lui reprochant de songer au mariage pour tous sauf pour lui, mais derrière cette boutade qui a fait beaucoup rire, il y a l'amorce d'une vérité qui justifierait, de la part du président, une confrontation entre soi et soi qu'il a sans doute déjà eue sans nous avoir attendus.

Tant de polémiques, aussi, sont nées de l'extrême liberté dont chaque ministre jouissait ou croyait jouir, avec un Premier ministre contraint de rappeler sans cesse une autorité chaque jour oubliée. Avec, pour conséquence redoutable, la fragmentation de la parole publique, officielle, nécessairement écourtée à force d'être multipliée et émiettée parce que l'unité, qui aurait maintenu et assuré sa substance, lui faisait défaut. Une France perdant son liant à proportion d'un discours profus et créant autant de lieux de pouvoir qu'il y avait de paroles.

Des déclarations intempestives s'échappant du cercle étroit des compétences de chacun sont en effet venues semer le trouble sur la cohérence d'une ligne gouvernementale et présidentielle déjà assez souvent battue en brèche. Que l'on songe, sans entrer dans le détail, aux débuts de Christiane Taubira, à Cécile Duflot, à Vincent Peillon, au talentueux et imprévisible Arnaud Montebourg, aux naïvetés de Najat Vallaud-Belkacem et aux conflits entre Jérôme Cahuzac et ceux qui renâclaient à se voir appliquer une rigueur trop dure, telle Aurélie Filippetti. Certes, il ne convient pas de tout mettre sur le même registre et de laisser penser que les gouvernements d'hier étaient iréniques, mais il y a eu beaucoup de piques et de malentendus sous l'égide d'un Jean-Marc Ayrault bien moins autoritaire qu'il le prétend, obéi, quand il l'est, sans enthousiasme, et parfois clairement dépassé par des ministres s'estimant meilleurs que lui, que ne soutient guère un président lui ayant fait don d'une liberté empoisonnée.

Longue est la liste des incohérences du pouvoir. Citons les palinodies sur le droit de vote des étrangers extracommunautaires. L'adhésion mitigée au mariage homosexuel et les hésitations sur ses suites inévitables si l'égalité abstraite est la seule exigence à respecter. La liberté de conscience qui serait laissée aux maires et dont François Hollande a dû admettre qu'il s'agissait de sa part d'une maladresse de langage. Les quiproquos liés au rapport Gallois. Les précautions excessives sur le gaz de schiste. La progressive imitation, par le président, de la réactivité immédiate de Nicolas Sarkozy dans les domaines de la sécurité et de la Justice. La terrible augmentation du chômage. Les mises en garde répétées au ministre Peillon, qui allait plus vite que le Premier ministre dans l'annonce de changements qui n'étaient pas validés. Telle ou telle controverse de fond entre Pierre Moscovici et Arnaud Montebourg. L'étrange complaisance à l'égard d'Europe Écologie Les Verts au sujet du vote sur le Traité européen. La schizophrénie acceptée de la part de ces écologistes, un temps au gouvernement, un temps dans les manifestations contre le projet d'aéroport à Notre-Dame-des-Landes près de Nantes, la ville du Premier ministre. Et ainsi de suite.

La révélation de Florange

Mais on ne peut oublier l'immense désastre de Florange, si bien résumé par *Le Monde* : gâchis politique et détresse sociale.

Détresse sociale puisque, malgré l'absence de plan social et le sauvetage de 630 emplois, la réaction des représentants syndicaux d'ArcelorMittal – dont le charismatique et véhément Édouard Martin de la CFDT – a clairement signifié que le gouvernement avait perdu la partie et la confiance des travailleurs et qu'entre ce syndicalisme et cette gauche, un lien fondamental était rompu. On peut considérer cette révolte et cette indignation comme injustes face à un pouvoir qui avait tenté de remédier le moins mal possible à une crise qui était celle d'une modernité et d'un monde condamnés à voir disparaître ce qui constituait le pain et le destin de tant de salariés accrochés à ce présent menacé, fragilisé au point de sombrer.

Les hauts-fourneaux d'ArcelorMittal relevaient, peut-on juger avec le froid constat de l'analyste et la seule préoccupation du bilan financier et industriel, sans considération des dégâts humains, de cet univers fatalement voué à l'effacement. Tout s'en allait lentement, sûrement, depuis longtemps à Florange, qui ne comptait plus que sept cafés contre trente autrefois. Dans tous les cas, quoi que l'on pense, au-delà de la compassion facilement romantique pour ce monde qui sous nos yeux s'effrite, il y a forcément une compréhension de la colère de ces salariés, de ces syndicalistes convaincus qu'on les a trompés parce qu'on leur avait promis pourtant l'impossible, et incapables d'accepter, aujourd'hui encore moins qu'hier, l'impuissance des politiques devant les suites inéluctables des avancées de la technique et des stratégies du profit.

Si le gâchis politique n'avait pas été aussi éclatant, pour ainsi dire purulent, au cœur de ce mélodrame où la condition ouvrière désespérant de l'avenir se cognait à un gouvernement et à un président de bonne volonté mais d'une épouvantable maladresse, aurait-on observé des réactions aussi violentes, un rejet d'une telle intensité ?

Je ne sais. Ce qui est sûr, en revanche, est que rien ne pouvait être plus dévastateur que cette accumulation de conduites contradictoires et de comportements peu éclairés. Le gouvernement a eu raison de se sentir responsable de ce qui risquait d'advenir à ArcelorMittal au détriment des personnes et des emplois. Nicolas Sarkozy s'y était essayé dans d'autres circonstances pour Gandrange et il avait été trompé par Lakshmi Mittal. Il n'était pas interdit d'entreprendre, même avec l'assurance excessive de l'emporter là où son volontarisme sincère avait pourtant failli. Mais fallait-il laisser parler et agir librement Arnaud Montebourg, pour le désavouer de manière offensante ensuite, alors qu'il était on ne peut plus, comme ministre du Redressement productif, dans son champ d'énergie et d'action ? Fallait-il que le Premier ministre, après son désaveu, se répandît en compliments sur lui en croyant rattraper ainsi une faute en réalité irrattrapable ? Fallait-il que le président, à la fois étrangement absent et intervenant équivoque dans cette histoire, « sa véritable première crise politique », après avoir approuvé le minimalisme de son Premier ministre, son refus du repreneur évoqué par Arnaud Montebourg, reçût toutefois ce dernier dans des conditions qui ont permis au ministre de suggérer que François Hollande lui avait donné raison et que la solution de la nationalisation provisoire pourrait redevenir d'actualité puisque Mittal, comme d'habitude, ne respecterait pas ses engagements ?

Un ministre qui peut-être avait vu juste tout de suite, blessé au point que depuis il semble porter le deuil de ce qu'on l'a empêché d'accomplir, un Premier ministre insulté par des représentants syndicaux et tentant vaillamment, mais en pure perte – la parole n'est pas son fort –, de persuader qu'un peu de succès vaut mieux que rien, encore plus discrédité tant il apparaît trop souvent comme emprunté dans sa détermination, un président de la République, enfin, qui semble appliquer trop à la lettre la ligne de conduite cultivée par François Mitterrand, à savoir que l'on ne sort de l'ambiguïté qu'à son détriment.

Retournement ironique ajoutant une conclusion révélatrice à ces séquences incohérentes : Arnaud Montebourg en majesté, plébiscité par le peuple de gauche et vantant, dans *Le Monde*, la nationalisation provisoire pour des raisons exactement contraires à celles qui l'avaient fait refuser, par Jean-Marc Ayrault, pour ArcelorMittal !

Bilan : un président de la République touché, un Premier ministre déstabilisé, un ministre confirmé, un gouvernement tiraillé. Un sommet éclaté, en quelque sorte. Une catastrophe.

Surtout, un constat : François Hollande était un espoir. Il est devenu un mystère.

Hollande, un esprit complexe

Comme, hier, on a schématisé Nicolas Sarkozy, réduit à sa plus simple expression, alors qu'il s'agissait d'un être infiniment plus complexe que le laissaient supposer son allure décidée, ses propos péremptoires et ses vanités de gosse monté au sommet de la République, on a tendance aujourd'hui à s'en tenir à une image de François Hollande. Elle est commode, elle a beaucoup servi, elle permet, croit-on, de faire le lien entre toutes les séquences de la vie de ce dernier.

En gros, les médias ont perçu notre président de la République comme un habile, un intelligent, un roublard, un mou, un friand de synthèse – une personnalité toute de tactique et de finesse, un manœuvrier sans égal.

Je n'aurais pas l'outrecuidance de m'inscrire totalement en faux contre ce portrait dressé quand Hollande était à la tête du PS, durant sa traversée du désert, dans son combat présidentiel, durant sa campagne, enfin depuis qu'il a été élu président. Il y a sans doute du vrai dans la perception que proches et journalistes ont eue de lui, aussi bien sur le registre personnel que politique. Mais il me semble que, occupé que l'on était à classer Hollande dans la catégorie usuelle des responsables politiques en insistant sur son irrésolution au détriment de sa détermination, sur son esprit, ses saillies et son apparente désinvolture au détriment de son sérieux, de sa gravité et de sa conscience vive de soi, l'on n'a pas assez mis en lumière le caractère très singulier d'une personnalité présidentielle qui, forces et faiblesses confondues, ne ressemble à aucune autre. Même s'il n'a pas cessé de vouloir nous donner le change en nous proposant comme son seul modèle François Mitterrand. À l'égard de celui-ci, malgré l'oralité enrouée de la campagne et des élans qui en effet n'étaient pas loin de faire écho dans nos têtes et nos oreilles, je perçois plus de fidélité du cœur que de mimétisme technique et politique.

Force est de reconnaître qu'entre Nicolas Sarkozy et François Hollande, une énorme différence existe, non seulement dans le contraste absolu de ce qu'ils sont dans leur tréfonds, dans leur rapport au monde et à autrui, mais dans la manière dont pour l'un la présidence a occulté le candidat et pour l'autre elle l'a continué. En forçant le trait, là où Sarkozy a toujours été en deçà de la fonction présidentielle, Hollande, sans paradoxe, déçoit parce qu'il se trouve trop souvent au-delà.

Ce n'est pas créditer celui-ci d'un avantage de principe, car il aura été facile de constater que, pour le candidat comme pour le président Hollande, le scrupule intellectuel l'a toujours emporté sur l'inévitable simplicité politique.

Déjà, en effet, lors de la campagne, combien de fois avait-on relevé ce processus qui conjuguait inéluctablement une affirmation politique, une promesse partisane avec, dès le lendemain, sinon une rétractation, du moins un infléchissement, une nuance venant moins répliquer aux contradicteurs, aux adversaires que finir d'appréhender une globalité, la totalité d'une question et la réalité dans son intégrité ! Il s'agissait moins d'un complément politique, socialiste, idéologique que d'un souci de plénitude intellectuelle. Comme si, en François Hollande, l'être et le militant, l'homme honnête et le leader avaient partie liée et ne parvenaient pas, chacun, à adopter un langage qui lui serait propre, au risque de créer un trouble, de susciter une confusion non par ambiguïté mais par une volonté, à force perverse, d'excessive clarté.

Je ne crois pas que cette démarche qui faisait se succéder une formulation nette puis une hésitation assumée puisse être analysée comme le comble d'une tactique prétendant jouer sur deux tableaux – le ballon d'essai puis le vrai ballon. François Hollande – c'est sans doute pour cela que je l'ai d'emblée apprécié, parce qu'il tranchait non seulement avec Nicolas Sarkozy mais aussi avec beaucoup d'autres politiques de droite ou de gauche. Là où Jean-Luc Mélenchon avait des conclusions et des incantations tribuniciennes, François Hollande, malgré le souffle trompeur de ses discours, demeurait un orateur avec, au fond de lui, un auditeur sourcilleux et un témoin attentif tapi pour éventuellement le rectifier dès le lendemain.

Un homme était candidat et, non pas, j'y insiste, malgré une déjà longue carrière socialiste, pas un politique. Il n'était pas difficile de deviner ce que serait le président si constamment éclairé par une campagne floue, plus humaniste que technique. Non pas seulement parce que l'équivoque rassemble quand le certain risque de diviser.

Mais aussi du fait qu'une certaine tonalité du cœur à gauche fait moins courir le risque d'une mutilation du réel que le dogmatisme d'un catéchisme répété rejet par rejet, mot pour mot. Certes il y avait les promesses, les engagements, mais c'étaient moins ceux d'un implacable socialiste que d'un être généreux et dont la culture générale commandait le respect de tous. Un socialiste pour tous, acceptable par tous, était-ce encore du socialisme ?

La vulgarité du réel

Le président Hollande n'a pas démérité par rapport au candidat : il a poussé au paroxysme, avec l'amplification de l'exercice du pouvoir, les caractéristiques de ce dernier, avantages et inconvénients étant évidemment grossis parce qu'il n'y avait plus le filet de sécurité qui, pour le candidat, était le caractère encore virtuel de sa parole.

Au moment où j'écris ces lignes, François Hollande est président de la République depuis neuf mois et il n'est guère probable qu'au mois de mai 2013, quand une année l'aura vu exercer ses responsabilités, le constat soit différent.

Ce qui m'a frappé d'emblée au début de ce quinquennat est l'impression, que je percevais injuste mais qui demeurait dans ma tête et sans doute dans celle de beaucoup d'autres, que ce gouvernement qui pourtant annonçait, se fatiguait et travaillait, paraissait toutefois tourner au ralenti, comme si rien ne pressait. Comme si, à force, le calme, la tranquillité de François Hollande, à la fois tendance naturelle et posture tactique, avait fini par déteindre sur la réalité, qui s'en serait trouvé miraculeusement modifiée.

Il est évident que l'excitation, l'agitation et l'intensité maximale déployées par Nicolas Sarkozy pour tout et n'importe quoi, un culte de l'action tel que celle-ci semblait courir parfois infructueusement à la recherche de son sens, une énergie qui puisait en elle-même sa justification ne pouvaient que faire ressembler le processus classique d'après – réflexion puis concrétisation – à une course de lenteur, à un intolérable comportement dilatoire. François Hollande était conscient de ce contraste mais s'en moquait, convaincu que sa ligne, sa méthode et son caractère démontreraient à l'usage leur validité. Il a eu tort car il a sous-estimé le poids et l'emprise de l'apparence. Ce n'était pas le fond de la quotidienneté de Sarkozy qui comptait, mais le tourbillon qui l'inspirait et l'enseignement donné même aux plus obtus, aux plus indifférents, qu'il y avait du mouvement.

Ce hiatus purement psychologique a été aggravé par le fait que le gouvernement de Jean-Marc Ayrault et la présidence de la République elle-même n'ont jamais su faire connaître correctement, pleinement leurs entreprises et leur bilan. Cette carence était d'autant plus préjudiciable qu'en même temps les couacs et les dysfonctionnements de l'équipe au pouvoir, eux, venaient ostensiblement, immédiatement troubler l'opinion publique et n'étaient pas loin de susciter l'idée qu'une inaction politique se conjuguait avec de l'amateurisme gouvernemental.

Mais, surtout, le président de la République lui-même s'est révélé d'une sorte si singulière que les analyses médiatiques n'ont pu qu'effleurer un personnage chez lequel les faiblesses intimes se mêlaient à la lucidité du chef de l'État, qui, en définitive, malgré son extrême pudeur et son refus de toute vulgarité indélicate, ne pouvait être bien compris que par une appréhension globale du politique troublé par l'homme, de l'homme espérant la fermeté et la rigueur du politique.

François Hollande : la bêtise n'est pas son fort

En effet, à le voir retarder certains projets qui étaient prévus et annoncés, à le voir hésiter au seuil de l'incarnation législative de telle ou telle part de son programme, programme auquel, pourtant, il est fait continuellement référence par le Premier ministre et les ministres comme s'il s'agissait de la Bible, à le voir constituer des commissions et créer des observatoires – par exemple celui de la laïcité, le 9 décembre 2012, pour étudier et évaluer la transmission de la morale publique à l'école –, à voir ses réticences devant l'insulte que toute forme d'énergie factuelle constituerait, face à la complexité du réel, il faut s'interroger sur la capacité de François Hollande à être un animal politique. La politique est choix, exclusion, mutilation, condensation et brutalité. La politique est un dynamisme tendu vers un but privilégié au détriment de beaucoup d'autres. La politique est un rétrécissement, une réduction obligatoire du réel, contraignant, faute de sacrifice, une action à demeurer dans les limbes si elle prétend se charger de toute l'ambiguïté et la complexité du monde et a l'illusion de plaire grâce à sa plénitude. Alors qu'elle ne sera opératoire que grâce, précisément, à sa densité et presque à son amaigrissement. Là où l'intelligence développe, le politique fait des coupes et allège.

François Hollande – évidemment, en une année, un pouvoir ne peut pas se passer d'actes, mais à bien considérer l'essentiel, il me semble que la plupart, si discutés qu'ils aient pu être, n'entraînaient pas des troubles de conscience et d'esprit – ne cesse pas de manifester comme une répugnance à l'égard de l'inévitable vulgarité qui touche l'idée quand elle se laisse profaner et se résout à perdre de son immatérialité.

Il est extraordinaire, dans le registre technique, quand il annonce et explique ce qu'il se propose d'accomplir. Au fond, quand il parle. D'autant plus que François Hollande, connaissant son talent et sa force de conviction, n'hésite pas à user de cette qualité discursive que j'interprète presque chez lui comme la tentation permanente de retarder l'échéance inévitable du déchirement. De la mort d'une contradiction qu'il aurait laissé survivre s'il avait pu. Sa parole, dépensée, dilapidée, dans le genre familier ou noble, s'est parfois dégradée parce que, insérée dans un bavardage général profus, elle a perdu sa singularité en ressemblant à un commentaire de texte – la parole, substitut à l'action, formidable outil de séduction et de pouvoir, expression d'une intelligence déterminée à ne rien perdre de la richesse du réel.

L'esthétique du pouvoir

D'où le goût profond de François Hollande pour les médias, qui lui procurent le plaisir infini de s'adresser à la France mais au travers de leur filtre – un dialogue où il excelle et qui lui assure un succès non pas facile, parce que cet art n'est pas à la portée du premier politique venu, mais inéluctable, tant le président maîtrise et apprécie l'exercice où le pays devient un sujet dont on parle et lui-même un décideur à la vision parfaitement programmée et au caractère d'airain, moulé qu'il est dans la souplesse de son verbe. Aussi bien *Marianne* et *Le Monde* que *Le Nouvel Observateur* et *Le Point* ont eu droit à ces entretiens, ces introspections, parfois ces infimes contritions où, au meilleur de sa forme, il a ébloui les journalistes et peut-être des citoyens heureux d'être convaincus et touchés par une esthétique de la forme, avant de risquer d'être déçus par sa dégradation dans le vif du réel. En tout cas, il est absurde de demander à François Hollande de s'expliquer davantage, alors que, sans forcer le trait, il use et abuse de cette démarche.

On n'a pas toujours compris que chez François Hollande les prétendues maladresses politiques n'étaient que la rançon d'une inépuisable appétence pour le jeu de l'esprit et l'inventivité des idées. Aucun gaspillage. Même les miettes sont bonnes pour l'intelligence du politique.

Mais cette politique de l'intelligence, si remarquable qu'elle puisse être dans la pureté des principes, n'était plus véritablement une politique. Trop fine, trop délicate, trop dure à déchiffrer. On prenait pour des rétractations ou des hésitations ce qui n'était tout simplement que des réflexions.

Ainsi, pour le lamentable embrouillamini de Florange. Il ne s'agit pas de revenir sur l'image gouvernementale déplorable que ces péripéties ont fait surgir, qui a affecté au premier chef Jean-Marc Ayrault, Arnaud Montebourg et le président de la République lui-même. Ce sur quoi on n'a pas assez insisté et qui pourtant n'est pas mineur se rapporte à la consolation prodiguée au ministre par François Hollande après que le Premier ministre l'a sèchement rabroué. Analyser le comportement présidentiel comme une tactique pour mettre de la douceur et du baume sur la plaie de Montebourg serait insuffisant. S'il ne désavoue pas à son tour Montebourg mais bien au contraire semble le légitimer subtilement contre l'admonestation du Premier ministre, cela tient au fait que la position du ministre, son jusqu'au-boutisme, cette attitude chevaleresque et suicidaire en faveur d'une nationalisation provisoire constituent une part de François Hollande, mais une part que directement il n'a pu assumer. Il y a ce qu'imposent les règles du pouvoir, la cohérence et la hiérarchie gouvernementales mais compte aussi, en profondeur, l'attrait intellectuel du président pour ce regard-là posé sur Florange, le regret de n'avoir pu être, dans le même mouvement et en un seul être, à la fois Hollande le raisonnable et Montebourg l'intrépide et peut-être, en plus, Ayrault le classique. L'ennui, l'aventure, l'audace, la responsabilité. Tout n'est pas politique chez le président. Il laisse beaucoup de place à l'homme.

Mariage gay : le dogme et le doute

Bien plus encore, avec ce qui était présenté comme une réforme phare du quinquennat : le mariage gay ou le mariage pour tous, si l'on est décidé à prêcher l'égalité abstraite pour des situations et des destinées par nature et radicalement non pas inégales mais différentes.

Le candidat Hollande tenait à ce bouleversement et le président était déterminé à respecter cet engagement. Cela, c'est la doctrine officielle, la version militante. Parce qu'à y bien réfléchir, cette révolution révèle le hollandisme dans toute sa pureté, ses sinuosités, et donne l'impression, ici, d'une reculade qui avance et, là, d'une progression qui recule.

D'abord, comment concevoir que le président de la République ait pu être surpris par l'ampleur de l'opposition à cette transformation sociale, familiale et culturelle que sera le mariage homosexuel ? On a prétendu qu'il aurait été étonné par les protestations et les manifestations venant perturber un cours législatif que l'on présumait calme et quasi consensuel, comme s'il n'y avait pas là de quoi faire se battre des montagnes.

En réalité, à partir du moment où cette immense controverse, pourtant tactiquement limitée autant qu'elle le pouvait par la commission des Lois de l'Assemblée nationale, a trouvé son rythme, il m'a semblé que, loin d'en être affecté, le président, au contraire, non pas s'en réjouissait mais la percevait comme une occasion de faire apparaître ses doutes profonds, sa riche incertitude, son esprit nuancé. La liberté de conscience qu'il affirmait vouloir laisser aux maires, certes, était revendiquée de sa part comme une impropriété de langage, si rare chez lui. Mais elle constituait aussi l'aveu glissé par le président sur l'homme François Hollande au sujet du manque d'enthousiasme de ce dernier pour la réforme projetée.

Pourtant, tout avait été mis en œuvre pour décourager les adversaires de cet avenir où le mariage pour tous éclairerait notre route républicaine. Les juristes entendus étaient tous favorables au changement. Les responsables religieux n'avaient droit, chacun, qu'à dix minutes pour dire de façon nuancée ce qu'ils pensaient de ce mariage qui prenait des risques en s'affirmant légitime par le seul recours à l'amour.

Le président, avec ses scrupules, ne cherchait-il pas à rétablir une balance plus égale ? Mais, sous ce François Hollande, il en était un autre qui avait envie, besoin de faire du « sociétal », comme d'autres de la prose, et qui sentait, l'économique mettant le pouvoir à la peine, que le progressisme des mœurs – en tant que tel – offrirait une poire bienfaisante pour la soif socialiste.

Aucune raison de s'arrêter en si bon chemin : les voltes du président sont infinies puisque la réalité à appréhender et les problématiques qu'elle suscite sont elles-mêmes illimitées. Aussi, alors qu'il n'était pas question de la procréation médicalement assistée, le président a décidé de livrer au Parlement le sort de cette mesure initialement rejetée. On est passé du doute à la surenchère, des ombres acceptables aux lumières trop vives. Encore une fois, ce n'est pas une démarche de « magouille » politique, mais le président qui s'agrippe, au gré de sa pensée fluctuante et qui aspire à la globalité, à des rocs divers et parfois contrastés.

Enfin, sur ce plan, quand François Hollande écrit un courrier – à titre de personne privée et selon des modalités privées – au président d'une juridiction devant laquelle sa compagne a assigné deux journalistes qui ont rédigé un livre sur elle pour diffamation et atteinte à l'intimité de la vie privée, il est clair qu'il mélange les mondes et ne se retrouve plus lui-même entre une normalité équivoque et un compagnonnage qui a ses limites. Pas une seconde, il n'y a dans cette intervention de pure maladresse quoi que ce soit qui ressemble aux coups de boutoir de Nicolas Sarkozy contre l'État de droit ni la moindre velléité d'en imposer aux juges. On y décèle les conséquences d'une configuration à la fois officielle et intime, publique et amoureuse, qui à l'usage crée beaucoup plus de malentendus que de lisibilité, d'ambiguïté que de clarté.

François Hollande est gouverné sans cesse par une personnalité qui, pour l'intelligence, le sert et, pour la politique, le dessert.

Est-il honnête d'arrêter là cette tentative d'analyse d'un homme subtil, d'un président complexe, alors qu'après des débats épuisants à l'Assemblée nationale, la loi sur le mariage pour tous a été votée et qu'elle le sera au Sénat ? En dépit de l'infinité des amendements déposés par l'opposition et des controverses, dont l'opportunité lui a été offerte sur la procréation médicalement assistée et la gestation pour autrui, malgré ce qui avait pu apparaître en amont comme la manifestation d'une hésitation présidentielle, le texte a été validé. Et une promesse tenue. Sans modifier mon point de vue sur cet engagement dangereux, puisqu'il a abouti à diviser une France que François Hollande a pour obsession constante de rassembler, je suis obligé de constater que sous son égide, la cause homosexuelle et tous ceux qui la soutenaient ont été gratifiés. Si la résolution du président a semblé fléchir ici ou là, sa détermination l'a emporté. Il y a donc de la dureté dans cette intelligence.

Ce n'est rien à côté de la décision que le président a prise le 11 janvier d'engager les forces armées au Mali pour empêcher la prise de possession de ce pays par les terroristes islamistes qui faisaient déjà régner la barbarie et la peur dans le Nord, et n'étaient plus séparés de Bamako que par une distance vite franchissable si nous n'étions pas intervenus. Je n'ai pas l'intention de discuter la manière dont le président a jugé nécessaire cette action, paraît-il à la suite d'une lettre du président malien par intérim reçue le 10 janvier à l'Élysée, ni les conséquences de cette assistance et sauvegarde militaires qui semblent avoir été massivement approuvées au Mali, si on se rapporte à l'accueil enthousiaste et délirant de François Hollande à Tombouctou le 2 février. L'opération Serval se terminera au mois de mars dans le meilleur des cas, et j'espère qu'elle sera portée au crédit du président sans que le consensus républicain initial soit trop ébréché.

Ce qu'il convient d'en retirer n'est pas l'idée vulgaire et injurieuse pour François Hollande qu'il avait besoin de cette guerre pour faire ses preuves sur le plan du caractère et de la détermination. Il ne l'a pas choisie, elle était nécessaire. Il serait également ridicule de s'égarer dans une comparaison avec la Libye de Nicolas Sarkozy, dont beaucoup de suites internes et externes s'avèrent plus que douteuses. Ce qui est certain en revanche se rapporte au changement d'image que les opérations menées au Mali ont inévitablement créé dans notre opinion publique. Ainsi cet être considéré comme louvoyant dans l'intime, trop intelligent et hésitant dans l'officiel, est aussi ce responsable qui a su décider, tenir, être un chef des armées et donner de la France une représentation qui dans ce domaine l'a fait d'autant plus admirer, parfois hypocritement, qu'elle n'a guère été soutenue militairement.

Il y a donc de l'énergie, de la constance, de la force dans cette intelligence. Celle-ci, éclatante, pourrait nous faire oublier que cette qualité n'est rien si elle n'est pas appuyée sur les bienfaisants tuteurs du caractère et du tempérament.

4

Schizophrénie idéologique à gauche et à droite

La première conférence de presse de François Hollande – je suis persuadé qu'il tiendra parole et qu'il y en aura d'autres, il raffole tellement de cet exercice qui le met aux portes du réel et lui permet de nous l'expliquer sans qu'il y paraisse – marque l'irruption, dans notre démocratie, d'une politique qui n'a plus envie d'être alternative. Elle est présentée avec talent comme un retour – habillé de velours de gauche – vers la précédente, en tout cas vers les impératifs qui lui dictaient sa ligne.

En dépit des apparences et d'une opposition condamnée à crier d'autant plus fort que le champ de contestation véritable s'amenuise, les rouges ne sont plus rouges et les verts sont des trublions, mais en définitive il n'y a pas de quoi hurler. L'alternance possible ou absurde est sur les marges, dans les incantations, les simplifications, dans la volupté délicieuse d'une irresponsabilité assumée.

Élections partielles, désaveu total

Les trois élections législatives partielles qui ont eu lieu au cours du mois de décembre 2012 ont désorienté par leurs résultats.

En effet, on aurait pu légitimement s'attendre, avec les péripéties tragi-comiques affectant, voire infectant l'UMP depuis le soir de l'élection-coup de force de Jean-François Copé à la tête de ce parti, à un maintien à niveau du Parti socialiste, à une légitimation en quelque sorte par défaut du pouvoir en place, à une stigmatisation électorale des candidats de l'UMP, même dans des circonscriptions traditionnellement favorables à la droite, et à une poussée considérable du FN. Tout, si l'esprit public avait été cohérent et logique, aurait dû conduire à une donne où les responsables du coup de grâce porté à une droite déjà en miettes depuis plusieurs années auraient été gravement sanctionnés et, par conséquent, leurs adversaires évidemment confortés.

Même si induire de ces partielles une conclusion péremptoire serait léger, le succès inattendu de l'UMP et l'absence de progression du FN, contenu, sont gros d'un double enseignement.

Le premier démontre que le désastre interne à un parti de pouvoir et de responsabilité (il les a assumés ou il les assumera) n'a pas d'effet sur le cours général d'une élection. Les électeurs, les citoyens ne mélangent pas leur vision particulière des déchirements et des conflits intestins à leur vision globale de la politique française. Contrairement donc à ce que l'on pouvait craindre ou espérer, la débâcle interne de l'UMP n'a pas causé son discrédit externe, comme si le pouvoir socialiste était plus blâmé et méritait davantage un coup de semonce que l'opposition malgré la déconfiture intellectuelle et organisationnelle de sa principale force.

On a le droit de s'interroger sans tomber dans le paradoxe. Le pouvoir n'a-t-il pas été désavoué précisément parce que, ayant fait sa mue pour le moins sociale-démocrate avec la conférence de presse du président, il s'est trouvé ressembler comme deux gouttes de politique avec la tonalité économique et financière, en tout cas celle qui était envisagée en cas de réélection, du sarkozysme ?

Au fond, dans les perspectives proposées par les deux adversaires, pour le premier sur sa fin et pour le second dans ses débuts, on discerne le même terreau, qui est la volonté d'adaptation forcenée aux contraintes budgétaires européennes, le désir de faire apparaître à tout prix la France comme le « bon élève » de l'Europe, presque aussi méritant que l'Allemagne enviée et courtisée, et la certitude affichée qu'il n'y a qu'un chemin possible.

Cette proximité entre des antagonismes apparents, loin d'avoir favorisé la gauche, que l'on aurait pu créditer de réalisme et de courage, a servi la droite, l'UMP en particulier, qui, dans la comparaison entre deux politiques semblables, mais l'une accordée à un camp et l'autre choisie par contrainte et résignation, a forcément été privilégiée.

Cet exemple portant sur un échantillon réduit et qui a pratiquement fait vaincre Patrick Devedjian au premier tour avant de le couronner largement au second – quelle revanche pour lui et quelle belle récompense pour un homme qui a toujours su se tenir droit durant le quinquennat de Nicolas Sarkozy ! –, sera clairement indicatif d'une configuration probable de notre avenir politique. Qui verra la joute durable entre les forces classiques et traditionnelles, avec le succès assuré pour celle qui ne jouera pas à contre-emploi, ou l'émergence progressive, contre la monotonie de ce discours unique et de ces pratiques vouées à être homogènes parce que soumises, avec leur consentement, à des diktats d'austérité et de rigueur, de blocs furieux, dissidents, iconoclastes venant ouvrir l'espace et lancer dans le débat public une politique alternative, un autre chemin ? Des citoyens dans le confort d'une habitude traditionnelle, si limitée et imparfaite qu'elle soit, et d'un choix de routine ou des électeurs qui auraient la curiosité, comme au poker, de parier sur du nouveau, de l'inconnu ?

Le FN ne flamboie plus

Le second enseignement tient au FN et à la déception que ce parti a ressentie, du propre aveu de l'un de ses deux députés, Gilbert Collard, puisque le Conseil constitutionnel a fait en sorte qu'Hénin-Beaumont, noyé dans d'autres recours également rejetés, ne puisse pas revoter, et ce peut-être pour Marine Le Pen, qui aurait alors été la troisième élue frontiste.

Si les élections partielles n'ont jamais été, dans notre histoire politique, une séquence ayant donné satisfaction au pouvoir en place – mais au contraire un exutoire ponctuel et libérateur ! – et s'étant avérée bénéfique au FN, qui espère beaucoup en revanche des municipales de 2014, il est tout de même surprenant de devoir constater à quel point ce parti extrémiste a été limité, voire réduit dans son influence alors que les perspectives politiques, sociales, économiques et « sociétales » plaidaient sa cause, sans qu'il eût même besoin de « faire » dans la surenchère.

L'explication principale de cette stagnation tient sûrement à un phénomène qui a son importance en politique et que l'on pourrait définir par l'incidence ou non des vases communicants sur l'essor ou la régression de telle ou telle structure.

Une victoire remarquable de Nicolas Sarkozy a été d'assécher en 2007 le FN grâce à une campagne qui ne s'était pas contentée de traiter vigoureusement de la sécurité et de la justice mais avait su insérer ce discours nécessaire dans un dispositif plus vaste et, on l'a vu, inclassable tant il exploitait ce qu'il y avait de meilleur à droite et à gauche. Mais l'Histoire ne repasse pas les plats, pas plus qu'un quinquennat ne reproduit les occasions à l'identique. Ce que 2007 avait, techniquement, magnifiquement réussi, les années 2011 et 2012 l'ont détruit, parce que Nicolas Sarkozy, persuadé qu'avec la même méthode il obtiendrait les mêmes résultats, a au contraire amplifié le lustre populiste et l'aura contestataire du FN. La similitude choquante entre une part du fonds de ce dernier et la fin démagogique et cynique de la campagne de Nicolas Sarkozy non seulement n'a pas fait baisser d'un pouce l'influence de ce que celui-ci prétendait combattre, mais au contraire, par l'hommage pervers mais éclatant qui était rendu à un vivier sommaire et dangereux dans lequel on allait puiser par pure tactique, pour rendre moins humiliante une défaite prévisible, elle a porté l'adversaire, pourtant sans cesse qualifié de non républicain, au comble de ses espérances et à une place indiscutable de troisième au premier tour de la présidentielle. Vidé en 2007, le FN a été, d'une certaine manière, validé en 2012, moins par le recours, qui aurait été admissible, à certaines des mesures qu'il proposait et qui parfois étaient relayées par l'Institut pour la justice qu'à cause de la méthode mise en œuvre, qui ne se gênait pas pour montrer à l'opinion publique qu'elle n'avait aucun scrupule et était prête à tout.

Alors que le vase communicant a fonctionné à plein entre l'UMP et le FN – plus la première dénigrait moralement le second et affirmait refuser toute alliance avec le FN, plus une tonalité de moins en moins étrangère à ce dernier l'emportait en son sein, grâce notamment au bon apôtre Jean-François Copé, qui se lavait les mains de ses contorsions d'esprit et d'ambition –, il n'a pas, et pour cause, eu les mêmes effets avec le pouvoir socialiste.

Non pas que ce dernier, le président de la République et Manuel Valls aient abandonné le terrain de la sécurité – l'angélisme et la naïveté de Lionel Jospin, reconnus trop tard, sont loin ! –, mais leur manière de procéder n'a pas de lien, ou si peu, avec la pratique impulsive, désordonnée et anxiogène du quinquennat précédent.

J'ai eu peur, dans les tout premiers temps, que François Hollande, revenu sur ce plan d'un antisarkozysme stéréotypé, s'engage, avec certaines de ses démarches, notamment à Grenoble, sur une voie trop exploitée auparavant, d'abord par conscience de l'enjeu démocratique de la sécurité et aussi pour contrôler Manuel Valls, dont l'omniprésence compétente et saluée risquait de faire de l'ombre au Premier ministre, à d'autres ministres et, sans doute, à lui-même. Mais cette tentation n'a pas duré et on est revenu à un système conforme à la pureté républicaine, avec un président chargé des problématiques fondamentales, un garde des Sceaux et un ministre de l'Intérieur apparemment accordés et un Manuel Valls remplissant à la perfection son rôle, qui était de démontrer deux choses. D'une part, que Nicolas Sarkozy avait peut-être « tué » le poste pour Brice Hortefeux (pas très compliqué !) mais pas pour lui et, d'autre part, qu'il était possible, avec les contraintes obligatoires et les devoirs similaires d'un ministre de l'Intérieur à l'autre, de réussir avec efficacité et humanité en n'ayant rien de commun, en dépit des appréciations obtuses et imbéciles, avec Nicolas Sarkozy.

Ce qui est apparu clairement avec le changement de pouvoir concerne la délivrance d'une obsession. Pour schématiser, la droite classique ou républicaine, comme elle aime à se nommer pour se faciliter la tâche intellectuelle et politique, était obsédée par le FN, à la fois tentation et menace. Pour la gauche, si j'exclus Jean-Luc Mélenchon, longtemps focalisé sur Marine Le Pen, tant le rapprochement des styles et des tempéraments pèse plus que l'antagonisme des idées, le FN demeure un problème mais n'est plus une hantise. Qu'elle se comporte bien ou mal face aux considérables défis de la criminalité et de la modernité dévoyée, elle accomplit sa mission d'État sans s'interroger en permanence sur ce que sera susceptible d'en faire ou non le FN. Cette indifférence pratique, au moins apparente, ne vient pas nourrir l'adversaire, ne lui procure pas l'occasion de s'appuyer sur, contre un mur même s'il est hostile. La détestation n'a pas besoin d'autre chose que de l'argumentation démocratique. Il y a une surenchère inadaptée dans les rejets qui vient au secours de ce qu'on prétend, de ce qu'on imagine ostraciser.

Je suis certain que cette coupure radicale de la curiosité tactique et politique, cette suppression de la familiarité claire et obscure qui, l'une et l'autre, existaient pour la droite ne sont pas pour rien dans la relative déception du FN à l'occasion de ces législatives partielles.

Taubira, raide et maligne

Mais il y a peut-être autre chose et qui se rapporte à la garde des Sceaux, Christiane Taubira. On aurait pu craindre le pire, au détriment des socialistes, avec cette personnalité estimable mais dogmatique, entêtée, d'une douceur implacable, une machine intellectuelle à l'étonnante capacité d'assimilation, une humaniste doctrinaire et une ministre ne tenant pas à mettre son idéologie dans sa poche.

On a senti qu'elle rêvait d'enfoncer un coin dans ce gouvernement et de représenter la dissidence, la rupture subtile dans ce consensus sur la sécurité et la justice, en tout cas entre le président et Manuel Valls. Elle ne désirait pas abandonner sa petite note personnelle, acide, sulpicienne, fixée exclusivement sur l'univers carcéral, les condamnés, de sorte qu'implicitement au moins elle donnait l'impression de négliger les victimes de ceux-ci.

Elle a remarquablement géré les situations personnelles qui pouvaient avoir une incidence désastreuse sur la nature des liens entre le pouvoir et la magistrature dans sa totalité. Philippe Courroye, muté à Paris comme avocat général, et Renaud Van Ruymbeke, heureusement délesté de ses absurdes soucis disciplinaires, ont été les incarnations emblématiques de cette politique de mesure, d'équité et d'apaisement.

Christiane Taubira, en dépit des concepts univoques de sa vision de la politique pénale – la prison, certes, mais l'enfermement doit-il être le seul vecteur de ce qu'exige une société pour sa tranquillité, des citoyens pour leur sûreté ? –, a vite perçu qu'il était inutile de trop tirer sur la corde de la singularité et qu'elle avait tout intérêt à ne pas prêcher systématiquement un idéalisme démenti quotidiennement par le réel. J'ajoute que son directeur de cabinet, à la sensibilité de gauche, lucide, avisé et efficace, n'a pas dû être pour rien dans ce retour au bon sens. Au fil des mois, cette ministre a pris de plus en plus la mesure de son exaltante fonction, contrainte d'accepter que le réel ne ressemble pas à ses illusions mais lui dicte une conduite plus intelligemment empirique. L'espoir demeure que la politique de la justice, dont elle est l'initiatrice de plus en plus éclairée, n'accentue pas le déchirement de la France en dressant la majorité des honnêtes gens contre les transgresseurs, mais apaise, pacifie, en mettant en œuvre une répression sans faiblesse quoique dans le strict respect des principes républicains. Contrairement à ce que croit la droite obtuse, ceux-ci ne s'opposent pas à la sévérité mais la rendent légitime. Il est clair en tout cas qu'une démocratie a le devoir de se défendre, mais sans se renier.

Des polémiques, qu'elle a prises à la légère – elle est membre du comité de parrainage d'Anticor, l'affaire de son logement social au loyer réduit de moitié –, ont, tout de même, sinon altéré son image, du moins jeté une ombre sur sa réputation d'intégrité absolue.

Le 1er décembre 2012, les prisons françaises connaissent le record absolu des détenus – 67 774 – et il a fallu les interventions pressantes de l'OIP pour que le tribunal administratif ordonne la remise en état partielle et le nettoyage de l'indigne établissement des Baumettes, après le rapport justement dénonciateur de Jean-Marie Delarue, le contrôleur général qui accomplit un travail ingrat mais nécessaire de sentinelle et d'éclaireur.

Christiane Taubira a décidé la construction de trois nouvelles prisons, avec surtout un partenariat public-privé qu'elle avait dénoncé auparavant. Un peu d'espoir donc, encore de la patience, et cette ministre lucide fera fondre ses préjugés sous l'emprise de ce terrible contradicteur qu'est, pour le socialisme caricatural et son catéchisme faisant de la société la responsable de tout, un réel vraiment observé. Elle a d'ailleurs démontré son évolution dans un discours aux Baumettes à Marseille où elle a exposé sa vision pénitentiaire, insistant sur le fait que les peines de substitution à la détention n'étaient évidemment acceptables que pour les infractions minimes. Ce qui me semble de bon sens. J'espère que la garde des Sceaux ne m'en voudra pas de la créditer de cette vertu trop décriée.

À vrai dire, je ne suis pas sûr moi-même de ne pas prendre mes désirs pour la réalité politique et judiciaire de Christiane Taubira, tant celle-ci a l'art ou la roublardise de faire naître parfois de faux espoirs chez les pragmatiques, pour les décevoir immédiatement après dans des prestations médiatiques à la fois remarquables et déprimantes parce que son discours est obstinément univoque.

Mais l'essentiel n'est plus là pour la garde des Sceaux. Grâce au débat parlementaire sur le mariage pour tous commencé le 29 janvier à l'Assemblée nationale et terminé le 9 février, elle est devenue une star, presque une idole pour la gauche, un « Badinter de rechange ». Elle n'a pas cessé de la consoler d'avoir été obligée de faire preuve de lucidité et d'empirisme, d'avoir dû briser des illusions et de s'être vu imposer trop de raison pour trop peu de rêves. Le socialisme d'aujourd'hui, si Christiane Taubira n'avait pas existé, l'aurait inventée.

Même si cette inconditionnalité conjoncturelle est un tantinet ridicule, force est de reconnaître qu'elle rend hommage à l'exceptionnel talent d'une oratrice indépassable, qui renvoie les hommes et les autres femmes politiques à leurs écrits qu'ils ânonnent ou lisent quand elle libère somptueusement et spontanément sa parole, la parole. Il me plaît que la garde des Sceaux, quoi qu'on pense d'elle par ailleurs, soit saluée de cette manière grâce à, enfin, l'éclatant couronnement d'une intelligence par une éloquence nue, libre et inventive. Pour moi, une parole !

Il n'y a donc pas, dans la France policière et judiciaire d'aujourd'hui, de quoi enflammer une opposition, même sans concession. Marine Le Pen est privée, par exemple, de ce qui attisait les controverses hier sur l'immixtion constante du pouvoir politique dans les affaires de justice, les plus sensibles, et la présidente du FN ne peut que constater qu'il y a loin de la mansuétude théorique à l'effectivité. La délinquance, la criminalité et les magistrats, dans leurs pratiques pénales, résistent, de fait, aux concepts sociologiques et hémiplégiques de la garde des Sceaux.

UMP, totem et tabou

Pourtant, comme l'UMP s'est acharnée à priver notre démocratie, depuis le 16 mai 2012, d'une véritable opposition, d'une opposition tout court !

Jamais, depuis longtemps, un pouvoir, qui n'avait pas pourtant bénéficié d'un état de grâce tant la crise européenne et la finance mondiale n'avaient pas permis la moindre accalmie dans la gestion et les négociations, n'a joui d'une chance aussi insolente : agir, se tromper, se contredire, se renier, connaître des échecs et révéler son incompétence, sans être le moins du monde soumis à une critique valable, constructive, argumentée.

Comme si, avant même la conférence de presse de François Hollande, la droite classique – la droite battue, pour résumer, celle qui a tout absorbé, avalé et validé d'un quinquennat dont elle surestimait les lumières pour s'en dissimuler honteusement les ombres – avait pris son parti des conséquences inéluctables d'une défaite et d'une obligation de décence silencieuse.

Pourtant, à l'évidence, une telle prise de conscience, qui aurait été nécessaire, n'est jamais entrée dans les esprits et l'UMP, loin de s'arrêter un temps de s'agiter et de vibrionner, a continué à le faire, mais sur un mode grotesque qui a désespéré ses troupes et manifesté que l'on était aux antipodes d'une authentique remise en question.

À dire le vrai, que ce soit sous l'égide de Jean-François Copé ou de François Fillon, l'antienne favorite était de proférer, de ressasser qu'une opposition est faite pour s'opposer, mais la difficulté est que, sorti de cette évidence mécanique, le discours demeurait vide, implacablement vide.

Ce n'était pas plus reluisant quand le seul Copé menaçait de manifester – on ne savait pas pourquoi, mais l'essentiel était de faire croire que les pancartes, les slogans et la rue constituaient un contre-projet – et de montrer ainsi l'étendue de son dynamisme.

Ce qui pointait avant la conférence de presse du président de la République a pris un tour paroxystique après elle, dans la mesure où, sur le fond essentiel du débat politique – le plan économique et financier, les rapports avec l'Allemagne, la vision européenne, la contrainte des 3 % –, même la volonté acharnée de protester ne trouvait plus matière à s'exercer, ou alors à la marge. L'opposition se résignait à reprocher à François Hollande de poursuivre ce qu'aurait mieux accompli Nicolas Sarkozy ou de reprendre à son compte ce que le candidat Hollande avait initialement refusé. C'était peu, c'était mince.

Mais cette droite qui payait les pots cassés depuis longtemps ne voulait pas l'admettre, ou trop fugacement, dans des accès de lucidité, sans véritable repentance ni projet de reconstruction. L'UMP donnait l'impression de s'enkyster dans un champ de bataille qui avait vu sa déroute, de compter ses morts et d'attendre patiemment, bêtement, qu'un autre jour se lève.

Pourtant, il y avait matière à ce qu'elle se ressaisît.

Valls : « Vous n'avez pas le monopole de la sécurité »

En dépit de cette coïncidence contrainte entre un président qui aurait imposé le sang et les larmes et son successeur qui projetait des larmes et du sang, une fois évacuée la ritournelle lassante de l'antisarkozysme, une opposition pouvait s'attacher à dénoncer tout ce qui séparait encore et toujours une vision sociale-démocrate réaliste d'une droite empirique, une détestation feutrée de la finance et des riches d'avec l'adhésion à un système où sans ceux-ci les pauvres seraient encore plus pauvres.

Si Manuel Valls n'offrait guère de prise à la critique, au point que l'on sentait chez beaucoup de ses adversaires de l'estime, voire de l'admiration pour un talent qui, ne s'égarant pas dans le désordre, l'impulsivité et la démagogie, faisait largement oublier celui de Nicolas Sarkozy, Christiane Taubira, pour sa part, à cause de ses déclarations teintées d'angélisme dogmatique sur une réalité pénitentiaire ici scandaleuse, là préoccupante, n'aurait jamais dû faire l'objet de petites querelles mesquines, mais se faire rappeler que la justice est une plénitude, que sa vocation de garde des Sceaux n'était pas seulement de gratifier les avocats, de défaire tout ce qui avait été élaboré et de vanter un État de droit qui aurait été exclusivement à la disposition des transgresseurs. Mais l'UMP, depuis la défaite électorale d'un Jean-Paul Garraud par exemple, péchait par une pauvreté totale dans le domaine judiciaire.

Était-il aussi interdit à l'opposition de ne pas se laisser déborder par un mouvement de masse hostile au mariage homosexuel et au contraire de réfléchir, de structurer son argumentation, d'appréhender toutes les problématiques et de veiller à dissocier le respect de l'homosexuel en particulier du danger d'une minorité, groupe de pression politique et sociétal, aspirant à une égalité des droits sans que son poids numérique la justifie ?

Le pire exemple de cette désinvolture intellectuelle a été donné quand l'UMP a décidé d'inviter les juristes réservés sur le mariage gay, mais seulement après que la commission des Lois s'est refusée à les convier devant elle, préférant n'avoir à dialoguer qu'avec des partisans du projet de réforme. L'UMP suit, elle ne précède pas. L'impression qui domine est qu'à force d'inconditionnalité durant cinq ans à l'égard d'un chef discutable, ce parti a perdu le pli, l'habitude, la pensée, le talent de concevoir par lui-même. Sarkozy a dirigé, nous étions derrière. Aussi, être devant, pour l'UMP, est devenu impossible. L'organe de la création, de l'intelligence et de l'avenir est atrophié.

Mais, sur Florange, on ne peut rien dire parce qu'il y a eu Gandrange et que le Matamore présidentiel d'alors n'a pas été plus décisif que son successeur qui lui au moins a sauvé 630 emplois.

Pourquoi tout de même se taire devant les déplorables dysfonctionnements techniques du gouvernement et de la présidence ? Pourquoi se sentir tétanisé dès qu'il s'agit de sortir de l'alternative du silence impuissant ou de la surenchère imbécile ? Pourquoi même l'idée d'une opposition vigoureuse mais raisonnable est-elle d'emblée écartée, comme si l'UMP en était incapable ou n'aspirait qu'à des éructations insupportables à force de partialité ?

Peut-être faut-il considérer que l'UMP est entravée, dans une critique à la fois sans complaisance mais décente, par le fait que dans son tréfonds elle sait, elle sent qu'elle ne peut rien dire, qu'elle n'a pas de leçons à donner et que son bilan est sinon mauvais sur tous les plans, du moins sujet à caution dans des domaines essentiels comme la justice largement entendue, l'État de droit, l'impartialité des nominations, la pratique présidentielle.

Le nombril éclaté de la droite

Il n'était pas nécessaire cependant de se moquer du concept de normalité privilégié par François Hollande

– alors qu'à l'origine il était heureusement opératoire par rapport à l'anormalité antérieure –, pour négliger par la suite toutes les difficultés d'ajustement du président lui-même face à cette exigence et à son désir d'agir aussi en personne privée.

Pouvait-on aussi ne pas faire un sort, sans tomber dans une opposition vulgaire, au gouffre séparant le candidat Hollande, pour lequel la finance était l'ennemie, du président, qui a été le premier à se rendre au dîner de l'AFEP, le 18 décembre, réunissant les seules entreprises privées ? Pourtant ce grand écart ne révèle pas seulement la contradiction évolutive et consubstantielle à toute pratique politique mais, plus gravement, chez François Hollande, la tromperie que son talent a distillée et qui en a abusé beaucoup, entre la foudre des mots et la tiédeur des actes, entre ce que le socialiste avait éprouvé le besoin de proclamer pour ne pas être oublié par sa gauche et ce dont l'homme intelligent et au fond mesuré s'était dépouillé, une fois le pouvoir conquis.

Le hasard fait que cette rencontre unique entre un président de la République et des entrepreneurs privés s'est déroulée le jour même qui a vu la cessation apparente des hostilités entre Jean-François Copé et François Fillon à l'UMP. Cette guerre qui a duré du 18 novembre au 16 décembre, avant que l'accord fût enfin formalisé, n'a évidemment pas permis à l'opposition, tout imprégnée encore de sarkozysme affiché, de se mobiliser, pour offrir au pays autre chose que ses joutes à la fois ridicules et signifiantes parce que portant en creux les espérances ou les risques pour 2017. On comprend pourquoi, au cours de ce mois, ce vaudeville ou mélodrame, cela dépendait, a interdit à l'UMP de regarder ailleurs que vers son nombril éclaté, tant la concentration était forte et les ambitions exacerbées. Mais, en dépit de l'affirmation de l'aimable Christian Jacob, que des imbéciles prétendent limité, la contestation n'avait pas eu davantage de force et de pertinence avant le 18 novembre. Il faut admettre que malgré ses cocoricos inopportuns – en effet, quelle étrange démarche de sembler se féliciter d'une défaite et de maintenir sur le pavois le responsable de celle-ci ! – l'UMP a été tétanisée par sa déconfiture, en dépit de ses grands airs devant le score modeste, mais gagnant, de François Hollande.

Cette stupéfaction amère occultée par le rituel d'une mauvaise foi mécanique explique sans doute pourquoi l'UMP s'est engouffrée avec délices dans cette bataille des chefs dont on est conduit à penser qu'elle a été le succédané d'un vide intellectuel et idéologique. Ce processus de substitution a été amplifié, aggravé par le fait, dont le constat est banal mais important, que la droite classique – la dissidente pousse la chose au paroxysme – met en scène des conflits de personnes plus que des affrontements d'idées.

Ces dernières manquaient à proportion même de l'absence même de réflexion sur ce qu'avait été le quinquennat de Nicolas Sarkozy. Le bilan aurait mérité d'être dressé sans rien dissimuler de ses éclatantes réussites ponctuelles mais aussi de ses lourds déboires structurels, sans se voiler la face démocratique devant les dérives et les transgressions, sans minimiser l'influence négative décisive de l'être humain Sarkozy si mal, si nerveusement, si vulgairement installé dans la personne du président. Un inventaire honnête aurait d'une part autorisé les antisarkozystes de droite partis favoriser la victoire de François Hollande à regagner le bercail, leur patrie originelle, et d'autre part facilité la rénovation, la révolution même, sans lesquelles l'UMP ira tout droit vers un désastre renouvelé en 2017. Il y a eu ici ou là, avec prudence et sans se départir d'un ton qui émoussait les arêtes de ses critiques, par Bruno Le Maire, et plus vivement, plus nettement, par Patrick Devedjian, des exigences qui ont été formulées sur le nécessaire inventaire des forces et des faiblesses du pouvoir défait.

Cette analyse aurait montré à quel point le sarkozysme n'était pas un bloc et que, éliminé tout ce qui était insupportable dans la personnalité qui l'incarnait, il y avait des leçons à tirer sur le fond pour l'avenir. Ce quinquennat, d'exception dans le mauvais sens du terme depuis 1958 à cause de l'incoercible rabaissement, ravalement de la fonction présidentielle à une sorte de Premier ministère excité, survolté, ne peut que s'avérer riche, en effet, d'un enseignement qui, mêlant les raisons du succès de 2007 et les motifs de l'inévitable défaite de 2012, apportera au responsable le mieux placé pour 2017 une matière sans égale.

Les déviants de l'inventaire

L'opposition n'a pas été réduite à rien, au silence ou à l'outrance – ce qui est la même chose – parce qu'elle a été battue en 2012 mais parce qu'elle a refusé de reconnaître profondément sa chute, d'en analyser les causes, d'incriminer son chef et la complaisance de ceux qui l'assistaient sans l'alerter, qui le servaient sans piper mot devant les transgressions de la morale publique et le dévoiement d'une conduite présidentielle qui n'était pas excusable au prétexte que la crise à affronter justifiait au moins en partie l'omniprésence agitée et parfois efficace de Nicolas Sarkozy.

Il est significatif de relever que ce refus global de passer les cinq dernières années au crible d'un examen lucide et sans doute, pour beaucoup, masochiste, n'a pas totalement dissimulé que les personnalités n'ayant pas sombré à droite, depuis l'élection de François Hollande, appartiennent à la catégorie des audacieux feutrés ou des tacticiens sachant se montrer clairvoyants et doucement intrépides quand leurs intérêts leur commandaient ce comportement.

J'ai déjà évoqué Bruno Le Maire, dont l'intelligence conceptuelle et la finesse politique justifieraient plus de pugnacité de sa part. Trop lettré, trop cultivé pour se laisser aller sans aucune retenue dans la foire d'empoigne de l'UMP, trop persuadé de sa supériorité théorique pour avoir vraiment envie de la démontrer. Je ne voudrais pas qu'il demeurât, malgré les charges ministérielles importantes qui ont été les siennes, un éternel espoir de la droite à force de s'entendre dire qu'il était le meilleur, d'en être convaincu, mais de répugner à en faire la preuve parce que la politique est épuisante, qui exige, impose des actes et pas seulement des idées, des exposés et des explications. Même s'il s'applique à une dénonciation vigoureuse du camp adverse – mais, chez lui, on sent à chaque excès la réaction navrée de celui qui s'observe –, il y a du François Hollande en lui, et de ma part, à considérer l'être dans sa nudité humaine, il s'agit d'un indéniable compliment. Comment, surtout, ne pas créditer Le Maire d'une obstination rare puisque dans son dernier livre, *Jours de pouvoir* (Gallimard, 2013), et dans les entretiens qui ont suivi sa parution, il a continué à marteler qu'il fallait une refondation de la droite. En termes polis, cela exige une remise en cause totale de celle-ci et de son incarnation médiocre durant cinq ans.

Patrick Devedjian a connu et subi une histoire éprouvante durant le quinquennat de celui qui aurait dû le nommer garde des Sceaux en 2007 au lieu de laisser son épouse d'alors lui conseiller absurdement de promouvoir sa favorite, Rachida Dati. Mais en 2012, après un certain nombre d'avanies, grâce à une résistance hors du commun qui a fait de sa disgrâce momentanée une occasion de reconquête, Patrick Devedjian a été l'une des rares figures du sarkozysme à ne pas se déshonorer par la courtisanerie et à demeurer fidèle à lui-même : il n'a jamais proféré d'âneries ou d'absurdités, et dans l'ensemble du champ politique, à cause de cette constance, l'estime lui a été acquise et jamais retirée.

Dans ce registre, seul a pu être discuté son soutien, à la fois compréhensible et dangereux, aux lois mémorielles et notamment à la cause arménienne, qui a bénéficié hier de l'appui de Nicolas Sarkozy, appui que lui maintient aujourd'hui François Hollande.

Depuis l'élection du nouveau président, l'attitude exemplaire que Patrick Devedjian a eue sous l'empire de l'ancien lui octroie un statut tout particulier au sein de l'opposition. Sa victoire éclatante à la législative partielle n'a fait qu'ajouter à son lustre, et sa déclaration sur la nécessité d'un inventaire du dernier quinquennat et de l'action contrastée de Nicolas Sarkozy a été écoutée, j'en suis sûr, avec une attention qu'on ne lui aurait pas concédée un an auparavant, quand déjà, pourtant, il avait explicité les raisons de la probable défaite de la droite. Patrick Devedjian a été un dissident à l'intérieur du pouvoir d'hier et il a toute légitimité aujourd'hui pour donner un point de vue constamment affirmé et de surcroît validé par le résultat négatif de l'élection présidentielle. Son cas illustre également l'atypicité d'une France en miettes politiques, incapable même de se ressourcer dans ses camps partisans fondamentaux.

Dans le même registre, même si le personnage est beaucoup plus roublard, je ne peux éviter, sur ce chemin des déviants respectueux ou des sages acides, de rencontrer Jean-Pierre Raffarin, qui, durant cinq ans, a fait entendre sa musique voluptueusement aigrelette, sa tonalité à la fois cruelle et débonnaire, en donnant l'impression qu'il avait abandonné toute ambition personnelle pour ne s'attacher à favoriser que celle des autres, choisis moins pour leurs idées que par exclusion de tel ou tel qui décidément ne lui plaisait pas. Lui qui nous avait lassés avec ses propos qu'en ancien publicitaire il formulait avec componction comme s'il s'agissait de slogans impérissables alors que la sagesse des nations, banale et ennuyeuse, y dominait, lui qui chaque jour s'efforçait d'accomplir son travail de lobbying au service de la Chine en vantant des avancées humanistes qu'il était le seul à percevoir, a tout à coup, grâce à la lutte intestine au sein de l'UMP, découvert un rôle à sa mesure.

C'est lui qui, en définitive, écœurant les autres conciliateurs ou prétendus tels, notamment Nicolas Sarkozy et Alain Juppé, et aidé par Luc Chatel et Bernard Accoyer, a réussi à persuader Copé et Fillon de trouver un accord. Il y aura une nouvelle élection pour la présidence de l'UMP au mois de septembre 2013.

Alors que l'on aurait pu attendre de Jean-Pierre Raffarin, avec la philosophie humaniste et centriste qu'il ne cessait d'invoquer, un soutien à François Fillon plutôt qu'à son adversaire, il a pris le parti de ce dernier, mû sans doute par une jalousie ou une susceptibilité d'ancien Premier ministre. Sans lui, en tout cas, et la pression de l'ancien président de l'Assemblée nationale, rien n'aurait été possible.

Jean-Pierre Raffarin joue ostensiblement au modeste : ce qui signifie qu'il est sûr de son influence. Lui aussi aspire à un inventaire du quinquennat et qu'il soit « déconnecté » de Nicolas Sarkozy. En clair, que l'analyse du bilan soit impartiale. Il récuse le besoin, après s'être tant battu pour Copé puis pour que l'UMP n'éclate pas, d'une présidence du parti mais souhaiterait un secrétaire général. Il est, comme on dit aujourd'hui, incontournable, inévitable. Raffarin a ceci de bon pour n'importe quel président de la République que, invité pour un voyage officiel à l'étranger, il va en revenir comblé, prêt à toutes les tolérances et apte à toutes les compréhensions. François Hollande l'a emmené en Algérie, ce qui l'a ravi. D'après Raffarin, le président a trouvé le ton juste et n'est pas tombé dans la contrition, la repentance en choisissant de déplorer les seules souffrances algériennes, en se cantonnant dans une posture « hémiplégique » selon l'expression d'Éric Ciotti. On n'en a pas fini avec lui et la méthode est toute trouvée : pour que Raffarin s'abîme en transports non sectaires, un transport fera toujours l'affaire. C'est beau, le centrisme UMP !

Pourtant, celui-ci est capable d'un coup d'éclat. Jean-Pierre Raffarin a pris le mors à l'esprit, le 19 février, et a cessé de tourner autour du problème. Il a clairement expliqué que Nicolas Sarkozy appartenait au passé, et qu'il fallait arrêter d'entraver les personnalités d'avenir présidentiel à droite en s'interdisant un inventaire du quinquennat précédent. Il était en effet paradoxal, depuis la défaite de Nicolas Sarkozy et la victoire de François Hollande, de constater que le vaincu continuait à être célébré contre toute évidence, l'association des Amis de Nicolas Sarkozy faisant barrage de sa fidélité à la longue un peu sotte pour empêcher critiques, remise en cause et examen de conscience.

Jean-Pierre Raffarin a identifié, avec brutalité et sans langue de bois, cinq raisons principales pour expliquer la chute de Sarkozy et la déconfiture de la droite : Sarkozt a offert le Sénat à la gauche par une série de maladresses ; il aurait dû changer de Premier ministre à l'automne 2010 ; il n'a pas eu un comportement présidentiel lors du débat entre les deux tours ; le discours de Grenoble au mois de juillet 2010 a inauguré une droitisation extrême qui a détourné le Centre, d'autant plus qu'elle est devenue exacerbée et cynique lors de la chasse aux voix du FN pour l'emporter face à Hollande ; les comités de campagne ressemblaient trop à des discussions de salon où seul le chef parlait et commentait.

Depuis le compromis entre les factions antagonistes à l'UMP et la constitution des équipes, l'inventaire du sarkozysme est encore moins un sujet tabou. Les courageux comme Patrick Devedjian ne manquent pas une occasion pour rappeler sa nécessité et d'autres, tels Bernard Accoyer, Xavier Bertrand et l'inénarrable Rama Yade, se mettent aussi sur les rangs.

Encore un effort, et ils seront tous sur cette ligne ! Le mouvement contradictoire est comique : il voit le bilan d'hier être exigé de plus en plus et « les amis de Nicolas Sarkozy » nous vendre, Brice Hortefeux en tête, le fantasme que la France attendrait l'ancien président en 2017 avec une folle impatience. J'espère, à supposer que cette idée absurde soit en effet dans sa tête, que ses projets financiers de Fondation avec Alain Minc et autres opérations juteuses le détourneront d'esquisser le moindre geste de retour politique.

François Fillon en est-il si éloigné ?

On se souvient du constat brutal de François Fillon sur la France en faillite au début de son mandat de Premier ministre quand il avait été traité de « collaborateur » par un président qui, lui, tenait des propos plus lénifiants sur l'état de notre pays, on se rappelle les quelques piques, les légères divergences de François Fillon tentant, comme il pouvait, de se distinguer, de se dissocier d'un Sarkozy trop présent, étouffant, on a en mémoire la façon dont – sans doute sa plus grave erreur tactique ! –, pour empêcher Jean-Louis Borloo de prendre la relève, il a tout fait pour se réapproprier les grâces du président, on n'a pas oublié comment, alors, il a collé le plus possible à Nicolas Sarkozy, n'esquissant plus rien qui pût laisser penser à la moindre nuance entre eux. Mais, le président battu, certes il ne s'est pas lancé dans une démolition de ce qu'il avait participé à construire mais il a clairement, au grand dam de beaucoup de militants UMP, murmuré une ritournelle qui était aux antipodes du refrain de Copé, concentré sur l'obligatoire éloge de Sarkozy pour faire oublier leurs mauvaises relations initiales. En effet, à bien l'entendre, Fillon, ce n'était pas le même caractère, la même psychologie que Sarkozy, ce n'était pas non plus la même manière de faire de la politique. Une telle démarche, un tel souci même atténué de vérité, dangereux pour la présidence de l'UMP, constituaient en revanche un investissement pour l'avenir, une habileté pour l'échéance présidentielle de 2017.

Xavier Bertrand, qui a été un ministre travailleur et efficace et a su en toutes circonstances plaider la cause du gouvernement, est intéressant dans cette galaxie parce que la défaite de Nicolas Sarkozy semble vraiment l'avoir libéré, lui.

Je ne crois pas l'avoir entendu dire un mot qui renvoyait au passé mais, en revanche, aussi bien son refus de participer à la compétition pour la présidence de l'UMP que sa volonté réitérée de concourir pour la primaire présidentielle en 2016 et ce, quelles que soient les circonstances, contre vents et marées, contre même Nicolas Sarkozy si celui-ci venait à avoir ce projet malencontreux, démontrent, de sa part, une attitude que son parti ferait bien d'adopter : une page est tournée et on ne peut reconstruire une droite enthousiasmante et mobilisatrice en tentant de rassembler les miettes de la précédente.

Bruno Le Maire. Patrick Devedjian. Jean-Pierre Raffarin. François Fillon. Xavier Bertrand. Nathalie Kosciusko-Morizet pourrait être rangée à leurs côtés, si elle n'avait été victime, comme porte-parole de la campagne présidentielle, de la contagion qui conduit l'équilibré vers l'extrême et le mesuré vers le péremptoire. Certes, ensuite, elle a tenté de retrouver le bon cap mais j'espère qu'on oubliera cette parenthèse où, à force de vouloir démontrer qu'elle était capable de polémiquer comme tout le monde, elle n'a pas été loin d'être n'importe qui.

Quant à Nicolas Sarkozy, dont la réconciliation arrachée de haute lutte à l'UMP a peut-être été le tombeau politique, il fait aujourd'hui des conférences dans le monde entier, est payé grassement – c'était son rêve –, reçoit et distille conseils et confidences calculées. Il laisse parler à sa place ses « amis », Brice Hortefeux ou autres, mais de leurs propos on ne peut rien tirer de décisif sur demain.

Un monde sans Sarkozy

Quand l'UMP sera redevenue une machine militante, non pas pour s'opposer mécaniquement mais par conviction et lucidité, et que le bilan du sarkozysme aura été effectué, il serait peu probable que Nicolas Sarkozy soit encore désiré comme il l'a été parce que son omniprésence donnait, à force, l'illusion d'un besoin.

François Fillon et Jean-François Copé sont confrontés à un monde sans Sarkozy. Et ils n'avaient pas compris qu'ils seraient non pas orphelins de lui mais d'une assise politique et intellectuelle obstinément détruite, dévoyée au fil du quinquennat.

Car, tout de même, comment ne pas prendre de plein fouet ces tristes évidences, ces conclusions bouleversantes qui ont beaucoup favorisé le succès de François

Hollande ? L'argent honorable de 2007 ayant créé en 2012 une détestation absolue de l'argent vulgaire, de la gabegie somptuaire. Le mérite et le travail, encensés en 2007, s'étant dégradés à l'usage en une caricature plaçant au plus haut le favoritisme, les privilèges et l'arbitraire. La République irréprochable, célébrée en 2007, dénaturée en une morale et une justice, l'une et l'autre relatives, imparfaites et partisanes. Tout ce qui avait construit la victoire de 2007 et qui était beau, exigeant, exemplaire, retourné cul par-dessus tête et ayant très directement incité les déçus, les amers, les frustrés à tenter une autre approche, à croire à une autre politique, à faire confiance à une autre personnalité. Tant de gâchis, tant d'initiatives valables en elles-mêmes brisées, bridées par le fait que celui qui les avait voulues et prises n'avaient aucune crédibilité pour les faire accepter sans qu'elles fussent discutées. Combien d'élans pertinents et d'avancées intrinsèques ont été trop vite frappés de caducité parce que le président, pétri d'arbitraire et imprégné d'impulsivité, faisait peur au lieu de rassurer ! Ainsi, la réforme excellente dans son principe de l'autonomie des universités a vu ses effets positifs amoindris parce que le président, en dépit de la remarquable ministre qui l'avait formalisée et fait voter, ne cessait pas, par une étrange et perverse alliance entre le meilleur, qu'il avait proposé, et le pire de sa subjectivité, de porter atteinte au premier à cause du second.

Fillon et Copé n'ont pas eu le temps de s'occuper d'autre chose que d'eux-mêmes, de l'UMP et, croient-ils, de la France. La droite en miettes leur est tombée dans les mains, mais apparemment il y avait plus urgent que de la remettre en état : être les artisans d'eux-mêmes.

5

À droite, la fracture pour avenir

2012. L'année noire de la droite

D'abord est survenue la défaite à l'élection présidentielle, faisant suite, il faut le rappeler, à dix ans d'échecs dans lesquels Nicolas Sarkozy était impliqué.

Puis l'affrontement entre Copé et Fillon a manifesté à quel point, malgré l'absence de bilan, Nicolas Sarkozy ne comptait plus. Ses avertissements, ses mises en garde, ses menaces sont demeurés lettre morte parce que, pour jouer au « vieux sage », il convient d'être vieux et sage, ce qui n'est pas le cas à l'évidence de l'ex-président.

Ce qui a désespéré non seulement l'électeur et le militant UMP mais la France passionnée par la chose publique et le débat démocratique tenait à la constatation que, pour 2017, ceux qui piaffaient bien trop longtemps d'avance dans les starting-blocks ne semblaient pas faire le poids, que Xavier Bertrand, pour audacieux qu'il fût après avoir « brûlé ses vaisseaux » – il maintiendra sa candidature coûte que coûte – ne paraissait pas non plus une solution de rechange plausible et qu'enfin les « jeunes » pousses pétries d'ambition et prêchant la rénovation se voyaient plus belles et séduisantes qu'elles n'étaient.

Alors, forcément, il fallait bien en revenir à la lutte de Copé et de Fillon qui, au moins par le simple fait de cette interminable joute et à cause de leur antipathie antérieure, nous donnaient à croire qu'ils avaient confiance en leur avenir présidentiel et qu'ils s'estimaient les plus qualifiés, les plus légitimes pour focaliser l'intérêt de leur parti lors de la primaire qui aura lieu en 2016 et dont on a le droit d'espérer qu'elle sera mieux organisée et plus équitable que l'élection à la présidence de l'UMP.

J'ignore la nature du processus qui sera instauré cette année et si le futur président de l'UMP – Copé confirmé ou Fillon élu s'il décide de concourir, ou un autre prétendant emportant la mise à cause de la lassitude causée par les deux premiers – aura la faculté ou non, avec les nouveaux statuts, de participer à la primaire de 2016. Si Copé et Fillon se voyaient privés de cette chance capitale pour le possible couronnement de leur vie politique et la satisfaction de leur appétit de pouvoir – être le premier enfin, quelle volupté ! –, nul doute qu'ils mettraient entre parenthèses la compétition interne au bénéfice de leur possible destin présidentiel. Ils lanceraient dans la joute partisane un fidèle lieutenant, Luc Chatel, par exemple, pour Copé et François Baroin pour Fillon.

Et attendraient la primaire de 2016 en s'efforçant dans les péripéties antérieures et la quotidienneté de l'opposition de ne pas perdre trop de terrain l'un sur l'autre.

Même si le tempérament et le caractère de l'un et de l'autre ont une importance décisive pour expliquer leur stratégie d'hier, leur tactique d'aujourd'hui et leur espoir pour demain, on aurait tort tout de même de sous-estimer moins la différence de leur projet que la contradiction de leur vision et de leur méthode. S'ils peuvent en gros penser la même chose, ils sont aux antipodes pour son expression et pour la manière de concevoir leur rôle dans l'espace public.

Que l'on soit contraint de focaliser sur une telle personnalisation pour les appréhender confirme d'abord qu'ils ne font que suivre une pente poussée au paroxysme par Nicolas Sarkozy – au point que son être a occulté ce que son action pouvait avoir de créatif et d'utile – et ensuite qu'ils n'avaient pu puiser dans le vivier de son quinquennat de quoi offrir d'emblée des perspectives de fond et un programme salvateur pour la droite.

C'est au regard de cette impuissance qu'il convient d'analyser les foucades de Copé et les polémiques qu'il a suscitées dans la discussion politique et médiatique. Elles n'ont d'ailleurs pas été forcément absurdes, sauf si l'on ne se fonde que sur la bien-pensance, dont les hauts cris ne visent qu'à dénoncer l'indécence de l'idée sans se préoccuper une seconde de sa vérité. Le fait qu'elles aborderaient des problèmes et des conflits mis en évidence par le FN ne serait pas suffisant à soi seul pour les discréditer.

J'incline cependant à les interpréter aussi comme la preuve d'une table rase politique, d'une terre brûlée par le quinquennat qui contraindrait, au moins dans l'immédiateté d'une tentative de reconstruction, à ne faire exister un parti que par des saillies et des provocations. Celles-ci, si j'ose dire, cachent le vide du fond et imposent une forme d'autant plus sulfureuse que l'on serait bien en peine de présenter de la substance.

Il suffit de se souvenir non pas de l'affrontement retransmis par France 2 entre Copé et Fillon, tant il a été délibérément atténué, voire aseptisé, mais de leur rencontre, pour se persuader que rien de fondamental ne les oppose mais que ce qui les sépare relève de tréfonds profondément antagonistes et d'une approche qui ne s'appuie pas, pour 2017, sur un même constat.

Copé a désiré être président de l'UMP infiniment plus que Fillon, même si ce dernier avait l'obligation psychologique et politique de montrer que l'on ne pouvait pas tout se permettre avec lui. D'ailleurs, si les deux rivaux ont subi une chute considérable dans les sondages, celle de Copé a été encore plus radicale. Comme si l'opinion publique s'était fondée sur son statut de président apparent et momentané pour lui faire payer encore plus chèrement qu'à Fillon ce vaudeville tragi-comique.

L'ancien Premier ministre, pour sa part, était d'autant moins enclin à adopter la révérence cultivée par Copé qu'il sentait qu'au contraire, pour lui, une démarche de lucidité, mais sans excès, et de critique, mais urbaine et de bon aloi, serait la bienvenue pour rassembler plus tard ceux qu'avaient déçus les excès et les vulgarités du sarkozysme et les tenants d'une droite cohérente, réfléchie et morale.

Copé sent le soufre

Pour Copé, à rebours, coller avec obstination et sans se permettre le moindre écart à la personne de Sarkozy, exprimer, sans avoir peur du ridicule aux yeux de qui était au fait de leur relation antérieure sinon hostile du moins réservée, son affection pour lui, mettre sans cesse sur le tapis public leur amitié, jouer sur leur cœur à l'unisson plutôt que sur leur esprit accordé, tout cela représentait une tactique de nature sentimentale bien plus que politique qui a eu son importance pour les militants UMP mais qui n'aurait pas eu le moindre effet positif pour 2017.

Copé avec son talent, avec ses certitudes, Copé avec sa roideur et son amabilité toujours contrôlée, Copé très doué pour le dialogue médiatique, ne cédant rien mais mal à l'aise pour répliquer à certaines accusations sur ses amitiés et ses fréquentations pour le moins inopportunes, notamment pour un ancien ministre du Budget. Copé jamais confronté à cette affirmation toute simple qu'avec une telle charge, susceptible de créer à l'évidence des conflits d'intérêts, on a la décence de ne pas nouer de liens avec des personnages à l'aura sulfureuse et donc virtuellement dangereuse. On a droit à l'amitié, celle-ci n'est pas interdite, réprimée par aucune loi, mais l'intelligence et l'éthique commandent de s'abstenir de ce qui va forcément prêter au soupçon. Il y a des comportements qu'il est malséant, indélicat et vulgaire d'adopter. Le tableau de groupe en vacances avec Hortefeux, Copé, leurs épouses et Ziad Takkiedine qui régalait est resté dans toutes les mémoires, avec son relent nauséabond. Je songe aussi à Éric Woerth, qui n'a jamais saisi que l'alternative ne mettait pas en cause que la violation de la loi ou son silence, mais que pour les âmes bien-nées, surtout celles des ministres, la précaution, la retenue, la décence, ce qui se fait et ne se fait pas constituaient aussi des exigences fortes, quoique non écrites.

Copé avec sa maîtrise de soi, son sens de la dialectique, sa pugnacité, son goût de la correction syntaxique et grammaticale, son apparence à la fois souriante et tendue, possède du Sarkozy en lui, mais un Sarkozy qui aurait retenu, avec une lucidité calculée et obsédée par un unique but, les erreurs à ne plus commettre et les dérives personnelles et publiques à ne plus faire subir, tel un châtiment paradoxal, à ceux qui vous auraient fait l'honneur de vous élire comme représentant suprême.

Copé a beaucoup appris de Sarkozy mais n'a rien oublié.

L'orgueil de Fillon

François Fillon, quant à lui, est la rétractation faite homme mais se sert de cette élégance discrète, de cette pudeur pour nous séduire. Pour nous convaincre, ce sera peut-être plus malaisé, parce que la parole qui aspire à persuader coûte que coûte doit accepter de s'emplir d'une spontanéité, s'enrichir d'un élan, briser la glace de soi ou celle de l'indifférence des autres. Il faut forcer la main, les esprits. Fillon ne pourra pas toujours attendre d'autrui qu'il vienne vers lui. Au moment crucial, il faudra bien qu'il se résolve à aller vers autrui. Les premiers pas, puis les suivants, il ne pourra plus en faire l'économie. Cette apparence courtoise, cette voix agréable et chaude, cette distinction donnent l'impression qu'il nous propose une politique de sacrifices et de rigueur mais dans un étui de velours et de soie, tant sa personnalité, son calme et l'apparente qualité de son argumentation enlèvent aux orages leur grondement et à la vie publique ses menaces. Pourtant, il sait avoir la dent et l'esprit durs. On devine chez lui tout ce qu'il a dû subir, endurer, tout ce qu'il a accepté d'assumer en serrant les dents, en comprimant son cœur et en se résignant tactiquement à se placer au second plan de ses préoccupations pour laisser, durant un temps, la place lumineuse à d'autres. Mais cinq ans Premier ministre, c'était à la fois l'avant-dernière marche et l'avant-dernière humiliation.

L'orgueil de Fillon est immense, bien moins illégitime que la vanité de tant d'autres. Je pressens chez lui une envie irrésistible de vaincre. Pour être tout en haut, tout seul. Il perdra peut-être, mais il tentera tout pour sortir enfin de lui-même, parce que le jeu en vaudra la chandelle. Et qu'il aura beaucoup à remontrer, dans l'exercice du pouvoir, si on lui confie cette charge, cet honneur, à ceux qui auront sans cesse douté de lui.

François Fillon n'a plus envie de laisser les imbéciles le prendre pour un collaborateur, pour le « Petit Chose ». Il veut voler de ses propres ailes, diriger et dominer.

L'échéance présidentielle est si lointaine, encore.

Ce qui s'est produit avec l'élection de François Hollande a bouleversé les lignes, brouillé le paysage et estompé, voire fait disparaître les frontières. François Bayrou, qui incarnait – le Modem vaillant n'était pas bien nombreux – le centrisme courageux, a décidé, sans être vraiment compris – pourtant, il n'y avait pas d'autre choix, sinon celui de l'abstention, qui en face d'une tel moment aurait été désertion, lâcheté – de voter en faveur de François Hollande au second tour et il s'est ainsi rangé parmi les 60 % de Français ayant fait passer leur détestation de Sarkozy avant leurs réserves à l'égard d'un socialiste dont tout pouvait leur laisser penser qu'il ne serait ni dogmatique ni excité. Peut-être, enfin, un social-démocrate assumé, revendiqué.

Un centre au milieu de nulle part

Je continue, en me plaçant, pour apprécier la validité de cette option, dans la conjoncture critique où elle a été annoncée, à approuver le pas considérable de François Bayrou. Il a été moqué, on l'a tourné en dérision, tous les enfermés de l'esprit et les prisonniers de la routine l'ont condamné. Il n'y avait vraiment pas de quoi le faire passer politiquement et médiatiquement sous des fourches Caudines – au contraire, quelqu'un qui est prêt à payer sa liberté de sa solitude est forcément une personnalité remarquable –, et si le Parti socialiste avait eu intelligence et allure, il aurait tout fait pour rendre à Bayrou la monnaie de son honneur en n'empêchant pas son élection comme député.

Mon adhésion à sa démarche d'alors ne signifie pas que je suis convaincu par la pertinence de sa stratégie et de son ancrage intellectuel. Si, sur ce dernier plan, une vision centriste, équilibrée, est évidemment porteuse de sens et, même davantage, de vérité dans la mesure où, ne créant pas, elle ne mutile pas, n'exclut pas, mais, allant chercher à droite et à gauche le plus juste, le plus acceptable, elle rassemble, unit, coagule, fait coexister des concepts complémentaires, parfois même contradictoires au sein d'une totalité qui leur donne sens dans une abstraction idéale, ce ne peut être le même processus qui joue en matière politique. En tout cas, il m'a toujours semblé qu'en dépit d'une volonté légitime d'indépendance – un centrisme inféodé serait une caricature, une honte –, le centrisme n'a pas cessé de se heurter à une réalité politique qui brisait le rêve d'un unanimisme théorique pour le plonger, au contraire, dans la dureté de temps totalement contradictoires avec son aspiration à l'union. L'appétence du citoyen pour un gouvernement qui saurait combiner, toutes tendances confondues, des politiques de bonne volonté au service de la France est bien connue. Elle demeure dans l'esprit public d'autant plus peut-être qu'on la sait vouée à n'être qu'un regret ou une nostalgie puisque le système électoral – la proportionnelle promise, même congrue, n'a pas encore été votée – broie tout ce qui serait de nature à donner une représentation fidèle et authentique du corps électoral et du pluralisme politique.

Pourtant, l'intuition de François Bayrou est juste qui a toujours refusé d'installer a priori, avant l'action en quelque sorte, le centre dans un camp, craignant trop qu'il soit avalé, absorbé par la structure dominante. C'est ce qu'on a vu avec le Nouveau Centre, qui n'avait rien de nouveau, d'Hervé Morin, qui s'est en plusieurs circonstances couvert de ridicule, et n'avait rien d'un centre non plus, puisque durant le quinquennat de Nicolas Sarkozy, malgré une ruade symbolique finale vouée à l'échec, ce parti satellite, cette structure parasitaire de l'UMP n'a jamais exprimé le moindre désaccord avec une politique et une pratique de l'État qui, pourtant, étaient aussi éloignées que possible de ses conceptions.

Chaque fois, cependant, à cette accusation souvent formulée de noyer le centrisme dans la dépendance et de l'ancrer à droite au lieu de le laisser vivre son existence propre, les réalistes opposaient la fatalité, l'inéluctabilité qui n'aurait confronté le centrisme qu'à l'effacement ou à la soumission. Notre histoire parlementaire, sauf avec le MRP au cours de la période exceptionnelle qui suivit la fin de la Seconde Guerre mondiale, n'a jamais pu faire apparaître un parti du juste milieu, l'intrinsèque valeur des idées et des principes venant buter sur les limites et les obstacles d'une quotidienneté dévoreuse d'idéal.

Il en est un, cependant, qui a relevé le défi et assumé le risque de chercher un chemin plausible pour un centrisme « nouveau genre ». Jean-Louis Borloo en effet, le 21 octobre 2012, a lancé officiellement à la Mutualité l'Union des démocrates et indépendants (UDI). Elle rassemble des centristes, des radicaux et des divers droite en rupture avec l'UMP. Elle peut apparaître comme le premier coup de boutoir dans l'union de la droite. Ou, plus exactement, elle a vocation à prendre la relève d'une UMP orpheline de projet, confite dans le culte formel du responsable de sa défaite et préoccupée par 2017 mais sans offrir autre chose, pour l'instant, qu'une querelle d'ambitions.

Jean-Louis Borloo, qui, ministre inventif, fulgurant, sympathique et désordonné, n'avait pas brillé par la cohérence quand, déterminé, il s'était pourtant retiré de la course présidentielle, a répondu à tous les pessimistes, aux moqueurs et aux incertains en parvenant à créer l'UDI. Si fier de lui et de son œuvre qu'il a dédaigné, avec une condescendance maladroite, l'offre de bonne volonté de Bayrou se disant prêt à collaborer avec lui pour l'instauration d'un Centre valable et digne. Au contraire, Borloo et ses proches semblent vouloir prendre le contre-pied de la démarche de Bayrou en favorisant d'abord l'implantation locale de l'UDI avant d'entreprendre avec plus d'amplitude.

L'UDI a le vent en poupe, mais il n'y a pas de vent. Yves Jégo, sans jamais pêcher par un excès d'intelligence, tout de sinuosités, d'hostilités et d'adhésions difficile à suivre, est responsable d'un contre-gouvernement au sein de ce parti, et pour ma part je n'en augure rien de bon.

Mais Borloo est à la manœuvre et il appartient à cette catégorie de personnalités dont la désinvolture cache l'orgueil. Il y a des énergies, des constances et des ambitions qui sont aiguillonnées par l'humiliation subie. Il est manifeste que Borloo ne veut pas de nouveau manquer son rendez-vous – ce sera son dernier – avec sa chance et son destin. Il a accumulé trop de rancœur, derrière son détachement apparent, quand l'ex-président ne l'a pas nommé Premier ministre, pour ne pas tirer tout le profit possible de la création de l'UDI. On la lui doit. Installée entre une droite en morceaux et un socialisme réaliste et décevant au point de ne plus faire rêver du tout, l'UDI a le centrisme pour credo. Mais quid de son indépendance ?

On a évidemment questionné Jean-Louis Borloo sur ce plan. Il n'a pas esquivé le problème. Il me semble qu'il a répondu sur un mode manifestant qu'il avait réfléchi à ce handicap constant du centre. Il a opéré une distinction entre indépendance et coalition, soulignant qu'appartenir à la seconde ne signifiait pas renoncer à la première. Sophisme ou vérité, je ne sais. Ce qui en revanche est indéniable tient à cette évidence que plus l'UDI sera forte, moins le risque de sa dépendance au sein de la coalition la menacera.

Reste le très mauvais signe pour cette Union qu'elle n'a absolument pas profité du chaos durable à l'UMP, ce qui tendrait à démontrer que l'UDI existe mais n'attire et ne coagule pas ce qui n'est pas strictement dans la mouvance centriste.

Jean-Louis Borloo n'a pas dit son dernier mot. Il y a des distraits qui oublient tout, sauf le pouvoir à conquérir.

Marine Le Pen, l'essai non transformé

Évoquer la fin de campagne honteuse de Nicolas Sarkozy, se pencher sur l'UMP, se moquer de la Droite forte et de son ramassis d'outrances, prendre la mesure des provocations tactiques de Jean-François Copé, percevoir les nuances qui distinguent François Fillon, c'est évidemment renvoyer au sujet fondamental qui obsède la droite se qualifiant de républicaine : ses rapports avec le Front national et avec Marine Le Pen.

Avec Marine, et non plus son père, Jean-Marie, qui présentait l'avantage, avec ses bons mots souvent sordides et sa pathologie qui ne parvenait pas à se détacher de la Seconde Guerre mondiale, des collaborateurs, de

Vichy et des Juifs, d'offrir un repoussoir facile. D'autant plus commode que l'on pouvait légitimement s'interroger sur la volonté du père d'occuper le pouvoir, en dépit de la montée du FN et de la stratégie subtile et dangereuse de François Mitterrand qui, pour casser la droite, avait fait croître l'extrême droite. En effet, il donnait l'impression, parfois, de se servir du FN plus comme d'un jouet que comme un instrument de conquête. L'essentiel était de créer le désordre, de troubler le jeu classique et d'être un empêcheur de leçons de morale en rond. Comme l'ont très bien écrit Philippe Cohen et Pierre Péan dans leur biographie de Jean-Marie Le Pen, a toujours persisté chez ce dernier, avec sa « grande gueule », l'étudiant bagarreur, plutôt anarchiste malgré les apparences, mal à l'aise dans le cadre convenu et léché d'une démocratie, en certaines circonstances odieux. Quelqu'un que l'on n'invite pas à la table républicaine mais qui de toute manière aurait décliné l'invitation.

Avec sa fille Marine, la configuration est radicalement différente. Il faut vraiment être de mauvaise foi, animé par une idéologie qui vomirait plus le nom de Le Pen que la substance du projet politique, pour oser soutenir que le père et la fille, c'est la même chose. À moins de prétendre banalement qu'étant la fille de son père elle est forcément comme lui.

La preuve la plus éclatante de l'autonomie intellectuelle et politique de Marine est d'ailleurs fournie par son père lui-même. Il ne serait guère original, mais en revanche très éclairant, de brosser une histoire du FN ces dernières années en la focalisant sur le quatuor formé par le père, la fille, Bruno Gollnisch et Bruno Mégret, puis sur le trio constitué par les trois premiers, enfin sur la relation étrange, chaotique et pleine de susceptibilité unissant Marine et son père.

Combien de fois en effet n'a-t-on pas perçu chez ce dernier une envie non seulement de refuser la retraite qu'il avait pourtant décidée mais de ne jamais se faire oublier, au risque de perturber un processus de dédiabolisation souvent mené de manière si efficace qu'il appelait une outrance, un scandale venant mettre à bas la démarche de normalisation ! Le procédé a été trop systématique pour représenter un hasard. Le tempérament de Le Pen était trop étranger à un statut de « sage » trônant au-dessus de l'effervescence militante et politique pour qu'il pût accepter un rôle d'arbitre passif et d'homme d'expérience respectueusement mis sur la touche. Ces foucades qui suivaient chaque fois le glissement du FN sur une voie que Le Pen et ses quelques compagnons historiques ne supportaient pas étaient inspirées par la conscience que, de fait, le FN changeait et que Marine cherchait à enrober le parti, selon eux, dans une modernité sulfureuse et un regrettable classicisme, qu'elle aspirait tellement à rapprocher son parti de l'« establishment », en dépit de ses attaques contre celui-ci, qu'elle allait par contagion faire ressembler le FN aux structures conventionnelles et traditionnelles.

L'antagonisme fondamental entre Jean-Marie Le Pen et Marine tient à cette légère nuance que la seconde dirige le FN pour l'installer un jour, et elle à sa tête, au sommet du pays. Il faut que ceux qui seraient tentés de se gausser de cette ambition et de la juger à la fois irréalisable et scandaleuse dans son affirmation soient cohérents. En effet, on ne peut sans cesse avoir presque pour seule grille de lecture sociale et politique la menace que ferait peser le FN sur nos institutions et la République et, en même temps, se refuser à contredire, d'abord techniquement, la globalité d'un programme qui devient d'autant plus aisé à contester qu'il est contraint de s'aventurer sur des chemins à l'ordinaire peu usités par le FN.

Le paradoxe est qu'en effet le FN a été condamné à s'élargir intellectuellement pour tenter d'offrir une globalité politique, économique et sociétale capable de rivaliser avec celle des autres partis, à supposer que ceux-ci la présentent aux électeurs. À partir de cette obligation, on n'a pu que constater le hiatus entre le champ limité et restreint d'avant, mais efficace et dont la démonstration était aisée même si, démagogique et totalitaire, elle appelait des solutions qui, pour répondre aux attentes populaires, n'étaient pas compatibles avec notre République, qui préfère tendre l'autre joue que durcir ses défenses. Jean-Marie Le Pen était, est l'homme de ce passé, de ce discours de la sécurité et de la justice qui a eu une influence décisive sur la vision de la droite « honorable ». Les rares fois où ce dernier était entraîné sur un terrain plus général, malgré ses somptueux imparfaits du subjonctif, il perdait pied. Je me souviens en particulier, il y a longtemps, d'un questionnement correct dans la forme mais dévastateur sur le fond, où Albert Du Roy, avec une implacable courtoisie, a fait surgir les lacunes, les incohérences, les faiblesses d'un propos désorienté parce qu'on l'avait contraint à sortir de son lit naturel.

Pour Marine Le Pen, le défi était de constituer le FN comme une force d'opposition plausible, une alternative vraisemblable, de le décaper de tout ce qu'il avait encore dans son apparence d'absurdement, d'inutilement provocateur et, surtout, de démontrer comme les solutions proposées sur tous les plans étaient opératoires, applicables, compatibles avec une démocratie même pugnace.

Sur ce dernier point, qui est central, il me semble qu'aussi bien lors des émissions où sa présence médiatique n'était plus discutée que durant la campagne présidentielle de 2012, son pari n'a pas été tenu. Si elle s'est entourée de techniciens, par exemple de Florian Philippot qui a connu une ascension fulgurante au sein du FN, si elle-même a tenté d'assimiler données économiques et financières, problèmes européens, crise de l'euro, informations diplomatiques et internationales, non seulement elle n'est pas parvenue à convaincre mais, pis, elle a révélé par sa maladresse dans l'argumentation et le maniement des concepts, l'excessive et scolaire précision de ses calculs ainsi que son énervement face aux interlocuteurs qui osaient lui damer le pion sur le registre technique, où seul le monologue lui aurait convenu, le caractère artificiel de sa formation, des influences qu'elle avait subies et de ses répliques péremptoires à proportion même de leur défaut de fiabilité. Je ne songerais pas à le lui reprocher, tant ces sujets sont complexes, si elle n'aspirait pas à devenir présidente de la République.

Alors, évidemment, la planche de salut était d'en revenir aux thèmes fondateurs du FN, qui non seulement n'avaient pas pris une ride mais s'étaient parés d'une nouvelle jeunesse parce que, qu'on le déplore ou non, ils avaient dépassé leur sphère propre pour atteindre bien d'autres esprits, une multitude de citoyens. Les succès du FN dans un certain nombre de villes, de départements et de Régions, son score lors de la dernière élection présidentielle ne s'expliquent d'abord que par un ras-le-bol devant tout ce qui affecte la tranquillité publique, un désespoir face à la multiplication des exclus et des laissés-pour-compte de la mondialisation, une compassion indignée à cause du sort des « Français pauvres », ensuite et surtout, par la certitude que seul le FN, avec sa politique du « il n'y a qu'à », posait les bonnes questions et fournissait aussi les bonnes réponses.

UMP-FN : qui mange l'autre ?

Cette contagion de la droite classique par la droite extrême rend totalement surréaliste le débat sur le caractère républicain ou non du FN. Je n'ai jamais véritablement lu ou entendu une argumentation justifiant le refus de ce label au FN. En effet, à partir du moment où non seulement aucune personnalité responsable n'a jamais prétendu qu'il convenait de l'interdire mais où au contraire son implication politique et donc médiatique n'a pas cessé de s'amplifier, où, par conséquent, sa présence dans le champ formel du débat public lui donnait de ce fait même une légitimité quasi mécanique, cette manière de rejeter le FN – il serait non républicain – tout en l'acceptant comme contradicteur, comme adversaire, apparaît davantage comme une sorte de facilité éthique, pour se donner bonne conscience, que comme une authentique et légitime répudiation. La République s'accommode de bien des sauces mais elle ne saurait être invoquée pour faire « bien », et surtout quand on s'approprie la substance de ce dont on proclame, avec une hauteur démocratique, vouloir s'éloigner.

Une piste aurait pu être empruntée, qui aurait porté non pas sur le présent politique et l'insertion actuelle du FN dans l'espace public, mais sur l'avenir. Pour la mise en œuvre d'un programme tel que celui du FN, d'aucuns auraient pu exciper de leur crainte qu'elle contraigne à une pratique totalitaire de l'État et à une démocratie tellement armée qu'elle n'aurait plus eu qu'une identité nominale. Il me semble que la controverse serait plus pertinente si le FN était questionné sur le détail et le modus operandi de ses projets drastiques, leurs conséquences forcément redoutables, plus qu'interpellé en permanence sur le caractère républicain ou non, dans l'instant, de son existence, admise par tous dans notre société pluraliste.

Il est manifeste en tout cas, sur un autre plan, que le FN est confronté – et confronte la communauté nationale – à une extrême difficulté qui tient au fait que désireux de restaurer une identité collective, une affirmation nationale, il paraît peu armé pour le faire légitimement, lui qui favorise au contraire les antagonismes, la désignation d'ennemis, la volonté d'exclure et de rejeter. En ce sens et à rebours, il amplifie la décomposition de la France, multipliant son émiettement au lieu de la rassembler. À la longue, l'hostilité systématique, quelle que soit la cible, vient frapper comme un boomerang qui en fait preuve.

Pour cette ambiguïté et ce regard équivoque sur le FN, rien ne m'apparaît plus significatif et, si j'ose dire, jésuitique que les palinodies de l'UMP, ses protestations de conscience, sa main sur le cœur et sa démarche concrète. Écouter Jean-François Copé, être témoin de ses contorsions procure un plaisir aussi vif et franc que son argumentation est sinueuse. En effet, proclamer sans cesse le refus d'alliance électorale avec le FN, en dépit des fissures et des dissidences qui se font jour un peu partout, devient comique quand on constate à quel point – je ne le lui reproche pas – les mesures proposées par l'UMP pour la sécurité et la justice se rapprochent de celles du FN, voire en sont la copie conforme. Une conduite honnête de la part du président peut-être provisoire de l'UMP devrait le conduire à privilégier l'une des branches de l'alternative, et non pas à prétendre jouer sur les deux tableaux. Il lui faut afficher clairement que si en ce qui concerne l'État de droit, la justice pénale, les missions et la défense de la police, la sauvegarde de la société, il se trouve proche politiquement du FN ou s'il s'en distingue radicalement et peut alors se prévaloir d'une opposition qui à l'heure actuelle, si l'on veut bien admettre la pétition de principe, se caractérise d'abord par sa mollesse et par du verbal solennel, ostentatoire. En réalité, l'UMP ne sait comment se dépêtrer de ce piège tendu par l'absence de courage intellectuel et l'inaptitude à réfléchir sur elle-même.

Elle croit avoir trouvé une réplique convaincante en mettant en question les liens entre le PS et le Front de gauche et en affirmant que le premier n'a pas de leçons à lui donner alors qu'il valide, pour le second, les sympathies choquantes et les enthousiasmes peu sélectifs de Jean-Luc Mélenchon, qui au moins est un homme de parole dans tous les sens du terme. Il n'enfonce pas ses idées, ses amitiés et ses choix dans le fond de sa poche.

L'UMP, à mon sens, devrait moins faire semblant de se préoccuper de bienséance que tirer les conclusions qui s'imposent d'une configuration politique à laquelle le scrutin proportionnel pourrait venir ajouter une représentation parlementaire substantielle, mais qui serait opératoire à partir de 2017 seulement.

Pourquoi aurait-il été inconcevable, alors que les courants vont être institutionnalisés au sein de l'UMP et qu'à l'évidence, en dépit d'un unanimisme de façade sur un terreau commun, il y a des divergences profondes, entre ses diverses factions, plus ou moins conservatrices, humanistes ou réactionnaires, d'accueillir à la droite extrême de ce parti tous ceux qui, lassés d'être ostracisés, désireraient être utiles davantage que se couler dans une attitude protestataire usante ?

J'entends bien que, comme pour le Front de gauche en face du PS, l'UMP pourrait faire valoir l'ampleur des divergences économiques, financières et sociales entre elle et le FN, mais, en définitive, ne serait-ce pas privilégier un essentiel apparent qui n'est pas pris au sérieux par les contradicteurs du FN au détriment d'un accessoire pourtant capital si l'on se fonde sur les revendications et les attentes des Français ?

Maintenant, et jusqu'en 2017, le FN aura ses deux députés à l'Assemblée nationale, Marion, la petite-fille de Le Pen, et Gilbert Collard, qui en définitive n'aura pas trop nui à sa réputation, en s'affirmant soutien de Marine plus que partisan du FN. Quel que soit son talent, son éloquence, quelle que soit la fraîcheur de Marion, pas encore gangrenée jusqu'au fond de l'esprit par les nuisances politiques et les thèses extrêmes et démagogiques, à cause aussi de leurs différences – rien à voir entre la novice et l'avocat roué –, le FN vivra un destin difficile entre son infime représentation parlementaire et son influence dans la société civile, entre l'officiel national d'un côté et le local, le municipal, les instances de proximité, plus faciles à convaincre, de l'autre.

De quoi sera fait l'avenir du FN et donc celui des forces qui tournent autour de lui pour se structurer dans le rejet ou la connivence ?

Jusqu'en 2017, on peut supposer qu'en face d'un ennemi commun, malgré le partage prétendument égal de la détestation, le FN, au moins ponctuellement, fera alliance avec l'UMP, même si l'économie générale de la politique a changé radicalement la donne. Le rapport de force n'est plus le même. Avant, le FN avait besoin de l'UMP, en tout cas d'une forme d'acceptation tacite de celle-ci, de sa complaisance. Aujourd'hui, et les événements de novembre-décembre 2012 ont accentué cette évolution, l'UMP a besoin du FN. Les élections, quelle que soit leur nature, ne cessent pas de démontrer cette loi d'airain dont l'UMP a beaucoup de mal à se dégager.

Il conviendra aussi de ne pas sous-estimer les effets peut-être perturbateurs des dissensions au sein du FN entre Marine Le Pen, qui n'est pas sur la même longueur d'onde que certains de ses proches ou de ses compagnons, et les tenants d'une conception pour lesquels le seul bon FN était le FN perdu.

Sans omettre l'emprise de son père, dont elle ne pourra se défaire totalement sur le plan politique qu'une fois que l'affection et la fidélité auront pris la couleur des souvenirs, Marine Le Pen est trop moderne pour ce que le FN a encore d'archaïque, trop peu nostalgique pour ce que le FN a encore de mémoire, trop ouverte pour ce que le FN a encore de fermé et de dur, trop politique pour ce que le FN a encore de militaire et de réactionnaire, trop différente de Jean-Marie Le Pen pour ce que le FN a encore de lui dans ses veines. Il n'est pas encore venu, le moment où elle pourra débaptiser le FN.

Les stratégies et tactiques externes ou internes au FN ne pourront pas, me semble-t-il, occulter cette donnée révélée par une enquête d'opinion au mois de février : 31 % des Français sont en accord avec les problématiques et les dénonciations inspirées par le FN, même s'ils contestent les réponses qu'apporte ce dernier. Fabius avait de l'avance ou la France du retard ?

6

Gouverner une France en crise

Enrico Macias s'est improvisé porte-parole de Nicolas Sarkozy et nous déclare fièrement qu'« il reviendra et sauvera la France ». Le président de la République et le gouvernement, qui ont été critiqués pour leurs vacances d'été, ont décidé de demeurer totalement disponibles durant la période de Noël.

Si je rapproche ces faits, ce n'est pas pour tenter un contraste facile mais pour montrer comme la politique française, à la fois active et dépassée, volontariste mais apparemment impuissante, semble s'être ancrée dans une familiarité, dans l'expression d'une bonne volonté collective qui met certes du baume au cœur des citoyens mais ne les rassure pas du tout sur le fond, qui demeure sombre.

La saillie style « café du commerce » du chanteur est pathétique en même temps que révélatrice : elle est intervenue quelque sept mois après l'élection de François Hollande et pourrait, de la part d'une opposition nostalgique qui ne désarme pas, être prononcée maintenant, alors que dans un mois la première année du mandat du président se sera écoulée.

Il y a quelque chose de fascinant dans le discours du pouvoir, qui est pluriel, contradictoire, comme s'il cherchait à sauvegarder une forme d'honnêteté tout en continuant à se prévaloir d'une vision de gauche. Ainsi Jean-Marc Ayrault, dont François Hollande nous a dit, pour couper court à toutes les ambitions rivales favorisant paradoxalement un masochisme qu'il convient pourtant de combattre, qu'il était loyal et dévoué et que donc il n'avait aucune raison de mettre fin à ses fonctions, fait tout ce qu'il peut pour accréditer l'idée d'un Premier ministre qui ne se soumettrait pas à la réalité mais d'une certaine manière la gouvernerait. Le socialisme ne serait pas un libéralisme teinté d'humanisme. Jean-Marc Ayrault ne serait pas « social-libéral », il mènerait « une politique de gauche sérieuse ».

Le président est accordé à cette formulation qui tout de même, à force, va ressembler de plus en plus à une pétition de principe. Il ne suffit pas d'ajouter à la nécessité de la rigueur et de l'austérité, à l'extrémisme fiscal, la justice, pour transformer miraculeusement la dureté en un levier opérationnel qui réduirait la pauvreté et les inégalités. Qui ferait de la France un pays non plus déchiré mais apaisé.

Il y a pour le pouvoir socialiste comme une satisfaction amère sur le plan économique mais dans le même temps jubilatoire dans le registre politique, à percevoir que les prévisions sont de plus en plus mauvaises, mais à maintenir le niveau, contre vents et marées et l'évidence, de ses espérances et de ses évaluations, tout en affichant une lucidité qui trancherait avec l'optimisme conventionnel des gouvernements en période difficile.

Qu'importe que le FMI et l'Insee jugent inatteignables les objectifs gouvernementaux de 0,8 % pour la croissance et de 3 % pour le déficit public, le premier les évaluant plutôt à 0,4 % et à 3,5 % et le second craignant un début de l'année 2013 sans croissance et un premier semestre porteur de destructions d'emplois !

Le Premier ministre, au lieu de revoir ses calculs, s'estime au contraire fidèle aux choix politiques qu'il a faits et laisse le président de la République jouer sa partition préférée.

Ainsi, celui-ci n'hésite pas non pas à nous menacer – ce n'est pas son tempérament – mais à nous alerter avec la bienveillance républicaine qui le caractérise : « En 2013, ça va être très dur. » Et d'ajouter : « On va s'en sortir », la

France n'étant pas en récession malgré une croissance quasi nulle et une inéluctable montée du chômage. François Hollande envisage l'embellie, la fin du tunnel seulement pour la fin de cette année, voire 2014.

À propos de cette plaie sociale du chômage, le président énonce très justement qu'il s'agit de l'angoisse fondamentale des Français et que par conséquent les sondages qui le voient dégringoler dans l'opinion publique ne l'étonnent pas, ne l'effraient pas, puisqu'aucun chef de l'État n'a jamais été célébré quand cette calamité sévissait.

On peut soutenir que cette manière de penser et de s'exprimer relève de la « politique de l'édredon », comme l'affirment ses adversaires, qui préféreraient que François Hollande se couvrît de cendres. En tout cas, ce qui est sûr, c'est que chez lui il s'agit de bien plus que d'un procédé d'occultation et d'assoupissement. Il met en œuvre ce à quoi à l'évidence il a beaucoup réfléchi durant la période précédant sa victoire présidentielle. Ne pas alarmer, ne pas troubler, ne pas attiser les impatiences, ne pas diviser, ne pas exacerber, ne pas exciter, fût-ce par l'affirmation ostensible d'un excès de volonté, par une agitation et un activisme qui ne seraient que le masque de la conscience d'une faiblesse concrète, le président se cognant sur un mode désordonné au réel comme l'abeille contre la vitre. Au contraire, François

Hollande a pour obsession de pacifier, de rassembler, de métamorphoser les humeurs du pays en confiance puis, si c'est possible, en adhésion, enfin en certitude reconnaissante devant la France redressée, réconciliée.

Le mot d'ordre présidentiel incitant à faire contre mauvaise fortune bon cœur, cet excellent esprit est respecté à la lettre. Pierre Moscovici, chargé de relever, avec Emmanuel Macron, sous l'égide de François Hollande, l'énorme défi du quinquennat, à savoir le redressement des finances publiques, confirme que « 2013 sera une année très difficile », en nous demandant de la patience : « Le redressement du pays prendra du temps. Les Français nous jugeront sur nos résultats. »

Une gouvernance active mais fastidieuse

Certes, mais je ne suis pas persuadé qu'annoncer de la sueur et des larmes, quand la période, si éprouvante qu'elle soit n'a rien à voir avec certaines apocalypses, soit le meilleur moyen de gagner. En tout cas, il ne faudrait pas croire que fixer sur nos têtes, comme une fatalité quasi scientifique, la dureté des temps à venir soit la méthode adéquate pour nous convaincre d'apporter tout notre concours à ce pouvoir pour la seule raison qu'il ne nous cacherait rien.

Ce qui ne va pas forcément impressionner favorablement le citoyen de base va encore moins séduire les adversaires politiques, les plus redoutables et à mon sens pas assez redoutés étant ceux qui gravitent dans la mouvance très largement entendue du socialisme de gouvernement, et l'Europe, qui observe et doute de plus en plus.

Il serait fastidieux, et inutile, de relever ce que François Hollande, en sa première année, a fait ou n'a pas réussi à mener à bien, ou même a carrément abandonné.

Il n'a pas fondamentalement changé l'esprit européen sur le plan de la croissance. Il a rééquilibré le rapport de force en direction de pays qui lui en ont su gré, mais il a pris le risque de porter atteinte à l'efficacité du duo franco-allemand, qui de fait, si l'on reste dans une option classique, a toujours constitué le vecteur central de notre politique.

François Hollande n'a pas été médiocre, cependant, dans sa gestion, avec ses partenaires, de la crise européenne. Après le vote, avec des difficultés, du Traité validant le pacte budgétaire a été obtenu l'accord sur l'union bancaire européenne au mois de décembre 2012, qui a représenté un pas non négligeable pour stabiliser la zone euro. Il y a eu auparavant le pacte de croissance, la mise en place du mécanisme européen de stabilité, l'accord pour sortir la Grèce de sa déconfiture – apparemment, à force de soutiens, ce pays commencerait à récolter les fruits de ses sacrifices inouïs – et le sauvetage de la monnaie unique. L'instauration d'une supervision par la Banque centrale européenne va autoriser que l'on vérifie ce qui est susceptible de se tramer ou de se dégrader « sous le capot des banques », selon l'expression de Pierre Moscovici.

Le Mali et l'intervention française

Sur le plan national, si j'exclus du champ social, économique et financier tout ce qui n'a consisté qu'à supprimer et abolir – Christiane Taubira n'a pas été la moins active dans cette opération d'effacement qui relève plus du dogmatisme que de l'intelligence, de l'idéologie que de l'efficacité –, le gouvernement a immédiatement procédé à l'ajustement de justice qu'il avait prévu pour accorder la retraite à 60 ans aux travailleurs justifiant de parcours professionnels longs et éprouvants. Tous les patrons du secteur public ont vu leur salaire plafonné à 450 000 euros et en l'état rien encore n'a été programmé pour le plafonnement des rémunérations des patrons du secteur privé. Les activités spéculatives des banques, cantonnées dans une filiale, seront séparées de celles qui concourent au financement de l'activité réelle. Certaines activités nocives, comme le trading à haute fréquence ou la spéculation sur les matières premières agricoles, seront interdites pour protéger l'argent des déposants, en principe au cours de cette année.

Plusieurs projets sont annoncés, qui seront vraisemblablement poussés à leur terme au cours de cette année.

La nécessité d'une nouvelle loi sur les retraites, en particulier, est admise par tous, après que nous aurons entendu monts et merveilles sur le formidable courage politique de Sarkozy qui nous aurait fait voter une réforme des retraites quasi pour l'éternité !

Sur le plan social, l'accord pour la sécurisation de l'emploi signé le 11 janvier est un succès qui valide à la fois la méthode du président, et ses appétences pour ce type de dialogue, et la sagesse de certaines organisations syndicales puisque la CFDT, la CFTC et la CFE-CGC l'ont accepté en considérant qu'il s'agissait d'une avancée globalement positive. En ce qui concerne la politique du logement, celle de la santé pour laquelle certains opposants craignent un risque d'étatisation, pour ce qui est de la fonction publique, de la réforme territoriale et des collectivités locales, du statut de l'élu, du non-cumul des activités parlementaires et municipales, une infinité d'obstacles vont évidemment devoir être surmontés entre l'inspiration initiale et son éventuelle concrétisation. Le dialogue entre le patronat et les syndicats est gros de difficultés, entre l'aspiration à la déréglementation de l'un et la volonté de sauvegarder les acquis qui anime les autres. La concertation entre les partenaires sociaux n'a pour seul inconvénient que de ne pouvoir être décrétée par l'État. Les syndicats sont de plus en plus rétifs au dialogue qu'on leur offre et l'État est amené à s'engager de plus en plus quand il prétend se désengager !

Cet inventaire en vrac qui mêle l'Europe à la France, les actions aux élaborations, l'accomplissement aux perspectives ne met pas assez en évidence que ce qui a dominé les premiers mois du mandat de François Hollande et probablement sa première année allie, pour beaucoup de citoyens, satisfaction mitigée et peur diffuse. Les réformes sont imparfaites parce que trop minces par rapport à la plénitude des promesses, mais les menaces, elles, sont bien réelles, en particulier dans les registres sociétal et fiscal.

Impossible justice fiscale ?

Pour ce dernier domaine, avec le taux d'imposition à 75 % pour les grosses fortunes françaises, même si cette mesure est destinée à n'être que provisoire, force est de constater que l'on retrouve dans cette pulsion de gauche stimulée par un désir de faire taire toutes les critiques sur sa frange extrême, les maladresses, la naïveté et la bonne volonté sociale et fiscale de ce pouvoir qui ne sait pas quoi faire pour se faire pardonner d'être à gauche et, dans le même temps s'acharne à paraître chaque jour plus progressiste, plus « en pointe ». Il perd la tête parce qu'elle est emplie de trop de tendances contradictoires.

Pourtant, cela pouvait sembler un terrain de combat privilégié que cette lutte fiscale contre les milliardaires, les possédants, cette caste, cette classe si naturellement détestées par le peuple, les salariés, les ouvriers, les modestes dont le PS cherche autant que possible à conserver une part, une large proportion ayant gagné les rives honnies du FN. Cela n'a pas été accueilli comme il convenait. Cependant les modalités intrinsèques de cette éventualité fiscale non seulement n'étaient pas scandaleuses, même si le candidat Hollande les avait présentées de manière plus tactique que réfléchie, mais à l'évidence, en elles-mêmes, elles n'allaient pas faire pleurer sur la détresse fantasmée de ces fortunés. Il a suffi de quelques objections techniques pour entraîner mille justifications de la part du gouvernement, comme si celui-ci attendait la moindre contradiction pour se laisser déstabiliser.

L'émergence de ce qui ressemblait presque à une mauvaise conscience au sein du camp de la justice sociale a fini de faire sombrer cette excellente démarche aisée à soutenir, facile à expliquer, dans une sorte de salmigondis où le socialisme se voyait plus taxer d'irresponsabilité que les riches à foison n'étaient qualifiés de mauvais patriotes.

Le Conseil constitutionnel, en censurant ce projet de loi, a donné un peu d'air au gouvernement qui, évidemment, se fait un point d'honneur et de socialisme à en élaborer un nouveau pour la fin du mois de février ou le mois de mars.

Le thème des exilés fiscaux a fait surface de manière lancinante et au lieu d'entraîner un mouvement de désapprobation, d'hostilité à l'encontre de ceux-ci, le pouvoir a eu droit aux critiques de ces derniers comme si ces « malheureux » avaient été contraints de quitter leur pays et que, pour beaucoup, leur absence de patriotisme financier était plus compréhensible, admissible, que choquante.

Puis Gérard Depardieu a mis son poids considérable dans la balance. Laissons de côté le comportement tellement discutable de cet immense acteur, de cet homme d'affaires et de cette personnalité éclatante. Négligeons les réactions très maladroites du Premier ministre et de plusieurs ministres. Regrettons l'intervention aigre de Philippe Torreton. Estimons la réplique brillante de Catherine Deneuve. Ridiculisons les ouvriers de la vingt-cinquième heure venus au secours de Depardieu plus par corporatisme artistique et financier que par conviction éclairée. Détestons le retour de flamme outrancier au détriment de Torreton. Toutes ces péripéties n'ont eu, en définitive, qu'un seul résultat : celui de faire, peu ou prou, des futurs taxés d'importance des victimes du gouvernement, de ce pouvoir qui était mû par un admirable sentiment d'équité !

Au moins la fiscalité, si controversée qu'elle soit dans l'évaluation de ses taux, appartient à la chose publique et doit être de toute manière une préoccupation gouvernementale.

Je redoute que confronté à l'implacable étau d'une réalité et de contraintes économiques, financières et sociales irrésistibles, à des risques gravissimes d'inefficacité de son action face à l'immensité tenace des problèmes, le pouvoir, parce qu'il s'agissait en plus d'engagements du candidat Hollande, emprunte un chemin de fuite et de dérivation. Quand l'essentiel déçoit, on se tourne vers l'accessoire : le mariage homosexuel et le vote des étrangers extracommunautaires.

Les dangereux gadgets sociétaux

Non pas que, pour chaque couple homosexuel, son destin social et législatif soit sans importance, mais dans les priorités des Français, le mariage pour tous n'arrive pas en tête par rapport à tant d'autres revendications dont la nature et l'urgence sont infiniment plus impérieuses. L'État va perdre son temps, son énergie et son crédit dans cette entreprise. Certes, il va gagner la sympathie d'une minorité prête à tout pour persuader le pouvoir qu'il n'y a rien de plus fondamental que de mettre en œuvre un mariage entre personnes du même sexe, au nom d'une égalité qui n'a pas de sens puisqu'elle ne régirait absolument pas des situations homogènes, comparables en virtualités et en aptitudes. Des homosexuels n'en veulent pas. Des socialistes sont réticents, même le président Hollande a « flotté », mais il a été « recadré » par sa compagne, qui sera témoin dans l'un des premiers mariages homosexuels. Il n'empêche que les réserves exprimées officieusement par une majorité de députés socialistes entraîneront le report du débat sur la PMA pour les couples homosexuels à l'automne de 2013 – il sera abordé lors de la discussion sur la filiation, et non pas en janvier, selon *Le Canard enchaîné* du 26 décembre 2012.

Au sein de l'UMP et à l'UDI, les esprits et les consciences sont partagés, malgré les oppositions partisanes affichées. De ce débat à la fois profus et mal organisé où les forces religieuses, civiles et associatives n'ont pas été conviées à s'exprimer autant qu'il l'aurait fallu, des démons surgissent. Au lieu de toucher d'une main tremblante à l'humanité, à son ancrage dans l'architecture sociale et culturelle, au code naturel, l'État est venu avec ses gros sabots porter atteinte à des équilibres que sa sagesse aurait dû respecter.

À cause de cette surenchère qui probablement trouvera sa traduction parlementaire, même si les débats vont être vifs, à gauche, en ce qui concerne l'adoption et la procréation médicalement assistée, un certain nombre de réactions odieuses sont délivrées de leur néant.

Par exemple, selon *Le Monde*, « un déferlement de haine a été relevé sur Twitter contre les homosexuels, avec notamment des messages très virulents de la part de jeunes Noirs, filles et garçons, et de jeunes Maghrébins ». Le Bloc identitaire s'est réjoui de ces messages pourtant odieux, de nature à faire perdre ses illusions à la communauté homosexuelle et à relativiser sa propre opposition.

Des manifestations d'ampleur favorables au mariage homosexuel mais surtout hostiles à celui-ci ont été organisées.

La conclusion de cette imprudence politique qui, se campant dans l'extrémisme, refuse les solutions modérées de remplacement – alliance civile à la mairie par exemple, comme le suggèrent notamment Axel Poniatowski et NKM – se résume dans une France angoissée par sa condition dans sa quotidienneté la plus élémentaire, avec ses interrogations sur ses modalités d'existence, ses revenus, son emploi, son avenir et qui est obligée de se détourner de l'essentiel pour se pencher sur une minorité qu'elle doit respecter dans son détail mais qu'elle n'est pas contrainte de promouvoir en gros, absurdement, par le mariage homosexuel. Mais l'Assemblée nationale a tranché : elle a voté le mariage pour tous le 12 février.

Pour le droit de vote des étrangers extracommunautaires, qui appartient à la même catégorie d'initiatives non désirées, le président de la République a pris acte, lors de sa première conférence de presse, du fait que la majorité requise pour faire valider ce projet à l'évidence n'était pas réunie. Bruno Le Roux s'active, paraît-il, pour remédier à ce dysfonctionnement.

Au mois de juin 2013, le Parlement sera convié à débattre de la fin de vie et du suicide assisté après la remise d'un rapport, au mois de décembre 2012, du professeur Sicard au président de la République. L'État va de nouveau faire intrusion dans l'intimité, l'univers clos des familles, au sein desquelles les tragédies, les détresses, les compromis, les solidarités, les solutions et les affections trouvaient place le moins mal possible sans que la politique, avec sa démarche lourde, maladroite et totalitaire ait eu besoin de s'en mêler.

Au fond, peu importe pour un gouvernement. Ce qui compte, c'est de démontrer à tout prix qu'il existe, qu'il agit et qu'il bouge. Le pouvoir a besoin de lancer dans le débat public ces fusées et il espère qu'elles éclateront comme des démonstrations incontestables de sa modernité, concédant tout au fil du temps non par esprit de justice mais par conformisme. Serviront-elles à faire illusion chez les Français, à masquer ce que le pouvoir n'aura pas, pour l'essentiel, su, pu réaliser ? Des pincées sociétales pour faire oublier, pour beaucoup, le « dur métier de vivre », les détresses sociales, la misère, la solitude, la médiocrité financière d'existences indignées par le somptuaire et la gabegie et accablées par leur dénuement. D'autant plus terrible qu'elles attendaient tout de la gauche. Même de cette gauche s'appliquant à être sérieuse et responsable.

Protégez-moi de mes amis !

Imaginons comme, autour, on exulte, même avec une vision sombre du futur dans le cœur et l'esprit.

Les défaites de François Hollande ne seraient-elles pas le commencement de la sagesse ? La déception suscitée par le président de la République ne consacrerait-elle pas enfin le retour de la vraie gauche ?

François Hollande maîtrise bien les mots de la crise et il n'aura jamais à affronter la crise des mots, tant son intelligence, sa culture, son langage lui tiennent lieu de viatique suprême au cours de cette éprouvante année 2013 qui reste dans le sillon de celle de son élection, où l'amateurisme, la bonne volonté, la normalité et la déception ont mêlé leurs effets.

Le président de la République s'est rendu le 27 décembre, dès 4 heures du matin, au Marché international de Rungis, où il a passé plusieurs heures. Cette visite avait pour finalité de mobiliser et de manifester combien la lutte pour l'emploi et contre le chômage était la préoccupation prioritaire de son gouvernement et de lui-même. Michel Sapin, dans le même mouvement, promettait « une mobilisation maximale contre le chômage ». Certes, et après ? Condamné à plagier Nicolas Sarkozy dans ses démarches – et qui oserait le lui reprocher ? tant pour un président de la République il existe un certain nombre de figures imposées –, François Hollande se bat, se débat, s'explique, propose un volontarisme à sa manière, sait qu'il ne pourra pas attendre la fin de l'année 2013, voire 2014 pour faire apparaître aux yeux des Français les premiers signes positifs de renouveau. On le sent tenté de dériver et de faire fond sur sa personnalité et ses réformes confortables et dangereuses de société pour fuir la terrible et implacable contrainte pour un président la politique que l'on attend de lui : faire sortir la France de la nasse.

Ses vœux du 31 décembre à la télévision n'ont pas bouleversé la tradition, mais, appliqué à la lettre, le rituel républicain a montré un président fidèle à lui-même : parlant vite, avec juste deux hésitations marquant le naturel du propos, il a manifesté ce volontarisme courtois, de bon aloi, cette attention vraie aux Français et une confiance qui déborde en apparence de lui avec l'espoir qu'elle emplisse l'âme de ses concitoyens qui en manquent.

En dépit de sa sérénité en toutes circonstances, qui offre l'avantage de ne pas rajouter de l'angoisse dans l'esprit public mais ne résout rien, il devine qu'il n'est pas seul, qu'en dehors de l'adversaire traditionnel qu'est la droite, qui se remettra un jour en ordre et aura l'occasion, parfois, de cibler « juste », du parti structuré et rassemblé par Jean-Louis Borloo si celui-ci continue à tenir les promesses que son coup de maître a fait naître, il y a, dans la droite extrême, dans la gauche extrême, des forces qui lui sont profondément hostiles et qui ne cesseront pas de discuter, de dénoncer ses méthodes et ses actes.

Je ne crois pas que François Hollande soit très inquiet devant l'emprise de plus en plus nette, même si formellement elle est mal acceptée par certains, du FN sur la droite classique et il y voit évidemment les avantages que son modèle en politique François Mitterrand avait non seulement perçus mais dont il avait été le créateur à la fois brillant et cynique. Marine Le Pen a l'intention, en 2013 et 2014, de s'attacher prioritairement à une opération de persuasion et de conquête auprès des syndicats et, compte tenu de ce qu'est déjà une grande partie de l'électorat du FN – les laissés-pour-compte, les exclus, les malheureux, les abandonnés de la modernité, de la mondialisation, les sacrifiés d'une France perdant ses industries, ses usines, sa substance –, il y a fort à parier que personne, chez les socialistes, ne se moquera de cette volonté de rapprochement avec le monde du travail. François Hollande sera de ce côté de l'échiquier politique soumis à une joute constante et impitoyable, d'autant plus dangereuse qu'elle se nourrira de tout, aussi bien du désespoir social, de la détresse économique, des aléas du quotidien que des fragilités humaines. Avec sa manière de brasser « large », Marine Le Pen renvoie dans l'archaïsme le FN de papa et ne peut plus être rejetée d'un revers de main, parce qu'entre elle, son parti et le pouvoir à conquérir, la distance n'est plus, au moins abstraitement, inconcevable.

La gauche extrême est incarnée par le Front de gauche. Même si Pierre Laurent reprend du poil de la bête et profite du relatif silence de Jean-Luc Mélenchon pour montrer qu'il existe lui aussi médiatiquement, c'est sur ce dernier tout de même que cette opposition jusqu'au-boutiste, à la fois chauvine et sommaire, simpliste mais efficace, va continuer à compter.

D'abord parce que Jean-Luc Mélenchon a un talent fou et que cette disposition naturelle fait d'autant plus le succès d'une personnalité publique qu'elle est devenue infiniment rare. Le vrai talent, quand il surgit, emporte, articule, argumente, semble redonner cohérence et lisibilité au monde, rassure et exalte. Il remplace le socialisme plat par le lyrisme révolutionnaire et immédiatement celui-ci prend le pas sur celui-là. Après la réflexion, viennent les désillusions, les cauchemars, la conscience des manipulations.

Ensuite, parce que le Front de gauche a le rôle facile, dans une période objectivement chaotique et périlleuse, sur le plan national, européen et même mondial, d'annoncer un échec, des compromis, des reculades inévitables, tant les remèdes sont difficiles à trouver et les solutions forcément relatives Quand il fait sombre, Cassandre a toujours raison.

La magie du « il n'y a qu'à » est enchanteresse et redoutable pour un pouvoir qui n'en peut mais. Le silence de Jean-Luc Mélenchon, dans les dernières semaines de 2012, devrait être plus inquiétant que rassurant pour le gouvernement. Pour lui qui, tonitruant, ne mettait pas une seconde la scène politique et médiatique à l'abri de ses fulgurances et de ses provocations calculées, cette abstention, cet effacement s'autorisant tout de même quelques coups d'éclat apparaissent en effet comme la discrétion tactique d'un « gros matou » guettant sa proie, persuadé de la déconfiture, en surveillant l'avancée, à la fois comblé et accablé par la justesse de ses prévisions et sans doute accordé à Cohn-Bendit sur le manque de « pointures » dans ce gouvernement. Il est évident que tout ce qui se déroule depuis le 16 mai, aussi bien sur le plan de la forme que de l'indéniable développement de la crise, la montée dramatique du chômage et de l'emprise de l'esprit européen sur la politique nationale, n'a pas donné tort aux incantations pessimistes du leader du Front de gauche, a justifié le refus de ce parti de se rendre solidaire de ce gouvernement par une participation à celui-ci et en définitive lui a permis d'engranger, sans rien faire d'autre qu'observer, attendre et espérer, une multitude de soutiens. Cela ne donne pas forcément une légitimité, une validité, sur le fond, au caractère absolu de son rejet et au péremptoire impraticable de ses propositions, mais tactiquement, en l'état, le rapport qu'il entretient avec l'État présidé par François Hollande n'est pas à son désavantage, loin de là.

Rien n'est plus dévastateur pour un pouvoir que les adversaires au sein de son propre camp. François Hollande fait probablement preuve d'un optimisme excessif, à la fois pour se persuader et persuader, en continuant, imperturbable, à enfermer le Front de gauche dans une confiance et un soutien qui pourtant font problème, indiscutablement. Il suffit pour s'en convaincre de mettre l'accent sur les votes négatifs au Sénat du Front de gauche avec les écologistes.

La tentation de la vraie gauche

La démonstration décisive de l'influence délétère exercée par Mélenchon sur une certaine frange socialiste est qu'au sein du PS des dissensions apparaissent, des reproches sont formulés et que la nature même de la politique gouvernementale est mise en question. Il était mécaniquement obligatoire que la première conférence de presse de François Hollande entrainât de telles réactions, car, après qu'il eut recentré l'action du gouvernement et annoncé une vision politique et économique guère distincte de celle qu'aurait eue la droite, l'espace de la contestation s'était naturellement élargi. Le socialisme ayant appris sa leçon auprès d'une réalité ne permettant plus la moindre échappatoire était de moins en moins socialiste et libérait toutes les paroles et les initiatives s'efforçant de croire qu'une autre politique était encore possible. Vraiment socialiste.

On a ainsi « les dépités du hollandisme qui rêvent d'une autre majorité. Une partie de l'aile gauche du PS, le Front de gauche et des écologistes se préparent en vue de la deuxième partie du quinquennat », si l'on veut bien suivre l'analyse, qui me semble pertinente, du *Monde* du 13 décembre 2012. La sénatrice PS Marie-

Noëlle Lienemann ne dit pas autre chose quand elle affirme que « si la situation sociale se tend, M. Hollande n'aura d'autre choix que de se tourner vers sa gauche ». En effet, si l'avenir se présentait sous de si mauvais auspices, le président de la République, ayant tenté d'emprunter la voie de la gauche soft et réaliste, donc d'une droite quasi jumelle, n'aurait pas d'autre solution de rechange que de s'élancer sur des chemins radicalement éloignés de sa campagne présidentielle, même si celle-ci a mis en douceur la crise implacable entre parenthèses, et de son propre tempérament.

François Hollande, qui écoute, lit, consulte, formidablement doué pour prendre le pouls de la France – avec toutefois des rechutes dues au fait qu'il faut tout de même faire des concessions à l'idéologie – a sans doute aussi donné sa juste place à l'interpellation, le 16 décembre 2012, de cette quinzaine de députés et élus socialistes demandant une modification du cap pour répondre « à l'aspiration légitime des salariés et des ouvriers modestes à améliorer leurs conditions de vie matérielles… Il est urgent de remettre l'agenda économique et social en tête des priorités de l'action gouvernementale ». Sur ce créneau capital coexistent le FN, une partie du PS et le Front de gauche. Le premier étant évidemment exclu, il y aura forcément, que le président de la République le veuille ou non, une solidarité de plus en plus forte de la deuxième avec le dernier, jusqu'à susciter, peut-être, un virement de bord du socialisme de gouvernement vers un socialisme du déchaînement.

Ces orientations qui se dessinent et ce gauchissement brandi par beaucoup non plus comme une menace mais comme une nécessité expliquent probablement le rôle trouble et équivoque d'un Jean-Christophe Cambadélis, qui selon un cadre du PS « a choisi d'emmerder le premier secrétaire Harlem Désir aussi souvent qu'il le peut, par calcul autant que par conviction ». Cambadélis, par ses sorties médiatiques, délivre autant de conseils à celui qui l'a battu – autant d'avertissements qui réclament également un cap, une ligne et ne sont pas loin de mettre aussi en lumière, par cette démarche à la fois de dépit personnel et d'analyse technique, le besoin d'une autre politique.

On ne peut pas, au nombre des problèmes gouvernementaux, ne pas relever la polémique qui dure concernant Jérôme Cahuzac. Apparemment, en dépit des présomptions relevées par l'enquête de Mediapart, le gouvernement continue à faire confiance à son brillant ministre, bien qu'il soit de plus en plus en position délicate. Ce qui m'a immédiatement intrigué en suivant les péripéties troubles de la fin du mandat de Nicolas

Sarkozy et la controverse, sous François Hollande, relative à Cahuzac tient à l'évidente connivence, presque à la solidarité sinon politique du moins empirique, entre Éric Woerth et le ministre du Budget. Celui-ci avait voulu sauver la mise à l'autre dans l'affaire de la vente de l'hippodrome et Woerth n'a pas cessé, entre collègues, de prendre fait et cause pour Cahuzac, dont un tel soutien, à force, rendait l'implication de plus en plus certaine. Alors que de manière absurde on réclamait de Mediapart des certitudes et des preuves qui ne pouvaient être que le fait de la justice, il a fallu attendre plus d'un mois pour que le procureur de la République de Paris ordonne une enquête sur les éléments publiés par le site d'information – au lieu de faire ouvrir une information, ce qui aurait été plus efficace et moins soupçonnable –, pour qu'au sujet du ministre du Budget, le bon grain, s'il y en a, soit enfin distingué de l'ivraie, s'il en existe. Il convient de relever que l'administration fiscale, de son propre chef, alors que la justice est saisie, a fait procéder en Suisse à des vérifications bancaires qui auraient démontré l'absence de tout compte ouvert au nom de Jérôme Cahuzac ou d'un ayant droit depuis 2006. Cette information a été transmise au procureur de Paris par Pierre Moscovici.

Il y a eu, en tout cas, dans cet entrelacs, ces retards et cette attente politique et démocratique, de quoi susciter le trouble et attiser les soupçons, alors qu'en l'occurrence le pouvoir présidentiel n'y est en rien impliqué. Si Jérôme Cahuzac, en dépit de cette apparente confirmation de ses dires, est amené à démissionner dans les prochains mois, si la justice, enfin saisie et libre dans ses démarches grâce à Christiane Taubira, valide les soupçons, nul doute, alors, que le président de la République saura tirer argument de cette mauvaise fortune ministérielle pour remplacer évidemment Cahuzac, mais peut-être d'autres avec lui, et ainsi mieux armer sur les plans intellectuel, politique et technique le gouvernement face à un futur décourageant.

La France est présidée. Il y a un président de la République. Ces banalités pour répliquer aux controverses humiliantes et aux insultes partisanes. Mais est-il à la hauteur de ce dont le pays a besoin ?

Plus que les conflits internes et les polémiques politiques inévitables ou déloyales, plus que les atteintes à la solidarité gouvernementale, davantage que le rétrécissement de la base socialiste à la manière de François Hollande, le regard de l'Europe et du monde sur la France et sur notre chef de l'État est déprimant, à la limite condescendant, presque de nature à justifier la violence cocardière d'un Jean-Luc Mélenchon.

On nous fait, certes, le compliment d'être « l'un des peuples les plus appréciés au monde », selon un écrivain russe vivant en France, mais aussi d'avoir « une élite tellement sûre d'elle qu'elle en vient parfois à nier la réalité », pour un Allemand. Les États-Unis ne savent pas vraiment où nous sommes et le directeur général du Metropolitan Opera de New York nous fait aimablement la leçon : « Le danger de vos subventions est que, en temps de crise, la réduction d'une aide d'État pourrait détruire l'équilibre d'une institution culturelle », ce qui ne manque pas de sel quand on songe à l'un des élans généreux du président nous annonçant sa réflexion sur une loi « en faveur des bastilles culturelles ».

Il n'empêche que, selon *Le Monde*, qui a consacré une double page, les 24 et 25 décembre 2012, à cette vision internationale de la France, « l'Europe s'inquiète à voix basse » et qu'« à Londres, Pékin, Bruxelles, Abidjan, San Francisco ou New Delhi, les yeux s'écarquillent devant la gestion française de la crise ». Les « conseils amicaux » qu'on nous adresse cachent mal les critiques et presque les remontrances. La France serait-elle un mauvais élève, incapable de discipline quand il le faudrait et fière d'une gloire et d'un héritage au nom desquels elle croirait pouvoir s'affranchir des contraintes et des devoirs de tous ?

À considérer cette première année presque écoulée du mandat de François Hollande, je me demande si le péché principal de ce socialisme pourtant estimable dans son inspiration, ses principes et ses objectifs n'est pas sa frilosité, d'une part, et son imprudence, de l'autre. En effet, pour ce qui a été réalisé sur les plans économique et financier, le pouvoir a fait preuve, étrangement, d'une crainte devant les obstacles, comme un cheval franchissant maladroitement les haies dans une course de steeple-chase. Il n'est jamais allé au bout de ses engagements purs et durs.

Pour résumer, jusqu'à maintenant, il n'a pas su réformer la société. En revanche, allant à la fois au plus dangereux et au plus facile, il l'a bouleversée. Il a remplacé la rigueur politique par le cœur innombrable, l'élaboration courageuse de l'avenir par une compassion universelle et inutile à l'égard des minorités, des déclins, de catégories qu'il convient évidemment de respecter mais qui n'avaient nul besoin, en plus, d'une sollicitude spécifique.

Quand on bouleverse, on ne réforme pas. C'est exactement le contraire de la belle exigence d'apaisement actif et efficace que le président de la République avait affirmée, invoquée.

Quel espace entre l'agitation et le découragement ?

On se moque de lui. Pas moi

« La gauche broie du noir. » « Les députés PS veulent sortir du climat anxiogène. » « Il y a une déprime des ministres. Ils se demandent parfois pourquoi ils sont là. » « Au sein du gouvernement ils sont nombreux à juger que l'équipe Ayrault manque de cohésion et de liant, et le Premier ministre est jugé tantôt insuffisamment autoritaire, tantôt trop cassant et expéditif. » C'est *Le Figaro* qui s'efforce d'affaiblir encore notre moral.

On le juge nul. Pas moi

Le Parti communiste a adressé ses vœux, le 26 décembre 2012, au président de la République sous forme d'une vidéo grinçante où ses engagements non tenus étaient mentionnés durant quatre minutes, accompagnés de rires incrustés clôturés par une hilarité générale quand la finance était rappelée comme l'ennemie : budget de la culture « sanctuarisé », Traité européen « renégocié »…

On désespère de lui. Pas moi

Nicolas Sarkozy, adressant ses vœux aux Français sur Facebook – à quel titre ? –, nous envoie ce message si plein d'émotion, si spontané : « Sachez que là où je suis, et partout où je vais, je pense à vous, combien vos nombreux témoignages de soutien et de fidélité me touchent. » Ainsi, un ancien président de la République se comporte comme s'il avait été couronné par une réélection, effaçant celui qui aujourd'hui a la charge du destin de la France. Il se permet cette sollicitude collective qu'on ne lui a pas demandée alors même que ses comptes de campagne invalidés vont à la suite de son recours être réexaminés devant le Conseil constitutionnel. Quel culot, quelle impudeur !

Grincements

Sur Internet, une « droitosphère » est en expansion. Le pouvoir de gauche, évidemment, multiplie, décuple les oppositions et les hostilités. Au sein de la « gauchosphère », deux attitudes.

Celle de Juan qui a été le chroniqueur féroce et talentueux de cinq ans de sarkozysme dans « Marianne 2 ». Il estime que « notre rôle, si nous devons en avoir un, est d'éclaircir le débat politique, qui est devenu hystérique ».

Celle de Politeeks, qui souligne : « Je scrute chaque mouvement de Hollande… je ne sais jamais facilement si je suis pour ou contre » (*Le Monde* du 26 décembre 2012).

C'est bien vu. Ce n'est pas sa faute. Plutôt celle du président qui donne l'impression, derrière sa résolution affichée, de ne pas savoir très bien où il en est lui-même ?

Le parcours n'étant pas clair, la route étant sinueuse, avec des avancées et des haltes, des retraits et des imprudences, avec un président se plaisant à emprunter le « chemin des écoliers », la France, sous son autorité, apparaît moins comme un territoire, une force, une totalité que comme une diversité, un éclatement, une virtualité. Ce qui pourrait advenir mais qui n'est pas encore, malheureusement. Un président sympathique pour une France qu'il rêverait de bonne compagnie.

Mais il a les miettes.

Aux larmes, citoyens !

Un Copé, un Fillon qui sont la rançon et la suite d'un quinquennat globalement décevant.

Une gauche socialiste à la manœuvre, avec son volontarisme affiché et une politique économique et financière qui apparaît comme une copie conforme de celle qui nous aurait été imposée par le vaincu.

Des extrémismes serrant la gorge des raisonnables.

Une société mise en agitation et en trouble.

Des repères effacés.

Un président de la République, une compagne.

Un monde qui grince.

Plus de modèles, plus d'admirations possibles.

Des citoyens errant dans la France comme des chiens perdus sans collier. Plus de maîtres ni d'inspirateurs.

Recherchons désespérément un destin collectif, un lien fort.

La pauvreté augmente. Le chômage croît chaque mois.

On finit par aspirer à d'autres politiques tout en en ayant peur.

La France, le drapeau, l'hymne. On s'en moque.

La politesse. Le maire d'un petit village l'a édictée par arrêté.

La nation entre nostalgie et des lendemains tellement inconcevables qu'ils appelleraient une démocratie devenue le meilleur des régimes avant tous les autres.

Une République dont on parlerait moins, qui nous parlerait.

Un pays qui sortirait de la tristesse de ses hivers pour essayer le vivre ensemble, le sourire partagé.

François Hollande a-t-il un avenir ?

Jean-François Copé est devenu la personnalité politique la plus détestée de France.

Roselyne Bachelot ne voterait plus en faveur de Nicolas Sarkozy en 2017.

Je suis certain que ces deux nouvelles gratifiantes mais négatives laisseront le président de la République comme d'habitude, quand il est sorti des devoirs de sa charge officielle : décontracté, avec un sourire amusé. Moins normal qu'incroyablement sympathique.

Mais François Hollande, président de la République, ne saurait se résumer à la sympathie qu'il inspire.

Fin, très intelligent, roué parfois, mais aussi naïf, écartelé entre une compagne qu'il aime et la mère de ses enfants qui est de surcroît une personnalité politique exceptionnelle, habile, doué, trop doué pour la parole, cherchant à cultiver la France comme s'il était à la tête d'une très vaste Corrèze, passionnément épris de son pays, de son histoire, respectueux des citoyens qui l'habitent, ému à l'idée de les rassembler, de les faire vivre ensemble, certain d'avoir su fixer le bon cap à la nation, fier d'avoir placé le sort de la jeunesse au premier plan de ses soucis et de ses promesses, autoritaire trop rarement, choisissant ses collaborateurs plus pour leur humanité loyale et dévouée, quelquefois maladroite, que pour leur rigueur et leur compétence froide, talentueux, organisé, mais toujours en retard, capable de majesté, indulgent pour les faiblesses et prêt à croire, jusqu'à l'absurde, en l'innocence de ceux qui le servent, proche sans être familier ni vulgaire, tenant son rang dans la vie et les réunions internationales, expliquant, commentant et justifiant avec une alacrité indépassable, ne prenant pas autrui pour un ennemi ou une perte de temps, François Hollande homme de qualité, mais président de la République hésitant, louvoyant, modifiant et se modifiant, scrupuleux, doutant, complétant, peaufinant, acharné à saisir la plénitude et à ne rien laisser perdre de qui est nécessaire pour bien penser, président de la République que l'on ne cesse de remercier parce qu'il nous a privés, avec notre consentement heureux, de Nicolas Sarkozy, François Hollande sera-t-il, pour les quatre années à venir, la bonne fortune de la France, le cadeau du destin, la personnalité accordée aux temps si durs du monde d'aujourd'hui ?

Aujourd'hui, il n'y a vraiment pas de quoi rire

Si cette morosité collective déprime et si, dans l'indignation ou la résignation, les larmes, de rage ou d'accablement, n'épargnent plus le visage de la République, le pire sans doute n'est pas là, n'est plus là.

La France est en miettes et nous n'avons même plus envie d'en rassembler les morceaux. Et le pouvoir, quelle que soit sa tonalité politique, n'est plus capable de bander ses forces et de s'assigner l'ambition fondamentale de redonner espoir et fierté aux citoyens. Ce qui était déjà vrai depuis longtemps, avec le dépeçage de la liberté d'expression, dont chaque corporation réclamait un morceau – et ce n'est pas fini ! –, a atteint le pays tout entier. La manifestation la plus singulière de cet éparpillement national se traduit par le déclin grave de la politique, qui est apparue – quand la France, même écartelée en mille chapelles et partis, était tout de même accordée sur l'essentiel : la conscience d'appartenir à une communauté qui faisait lien et sens – comme le moyen le plus efficient pour gérer la société française et les rapports de l'État avec elle. Son effacement au profit de la personnalisation et de la psychologie, l'abandon de l'universel au bénéfice du particulier, des tendances lourdes et structurelles pour favoriser les humeurs, constitue la marque la plus éclatante de l'égarement de citoyens qui, ne sachant plus à quoi se raccrocher ou quoi combattre, en sont réduits à tomber dans l'anecdote, l'historiette. Il est frappant de constater que notre démocratie, qui se pique d'être adulte, n'a pas cessé, au moins depuis 2007 – et, malheureusement, François Hollande n'a pas su mettre fin à ce processus qui n'est pas seulement de son fait – d'être emplie d'une multitude symbolique de « colliers de la Reine », ravalant notre République, dans le meilleur des cas, à un mélange de sérieux et de faisandé. Loin que cette France en miettes ait fait disparaître, grâce à l'occultation du civique et du politique, les antagonismes partisans, force est de constater que, s'ils ont pris une autre forme, ils sont plus que jamais actuels et brûlants. Au lieu que la France constitue notre grande cause commune, nous sommes confrontés à une infinité de miettes de dissensions, de fractures et de solitudes.

François Hollande, qui avait senti l'ampleur de nos clivages et de nos fractures, a vanté le rassemblement et ses vertus.

Encore faudrait-il que chaque jour ne fût pas détruite l'esquisse d'unité de la veille.

Aux larmes, citoyens.

La France en miettes.

Il y a de quoi pleurer. Il y a de quoi faire.

Table des matières

3
La normalité dans la tempête

4
Schizophrénie idéologique à gauche et à droite

5
À droite, la fracture pour avenir

6
Gouverner une France en crise

Cet ouvrage a été imprimé en France par
CPI Bussière
à Saint-Amand-Montrond (Cher)
en avril 2013

Photocomposition Nord Compo
Villeneuve-d'Ascq

Pour l'éditeur, le principe est d'utiliser des papiers composés de fibres naturelles, renouvelables, recyclables et fabriquées à partir de bois issu de forêts qui adoptent un système d'aménagement durable.

En outre, l'éditeur attend de ses fournisseurs de papier qu'ils s'inscrivent dans une démarche de certification environnementale reconnue.

36-57-4318-6/01

Dépôt légal : avril 2013.
N° d'impression : 2002230.